VERBORGENES
SINGAPUR

Heidi Sarna
und Jerome Lim

JONGLEZ VERLAG

Reiseführer

Die Autorin Heidi Sarna lebt inzwischen seit über 15 Jahren in Singapur und begann bald nach ihrer Ankunft, die Stadt auszukundschaften, denn sie wollte unbedingt all die Geheimnisse entdecken, die sich hinter Singapurs glänzenden, modernen Bürotürmen und Wolkenkratzern verbergen. Ihre Entdeckungsreise begann damit, dass sie die Ruinen eines verlassenen Hauses aus der Kolonialzeit fand, das von der unerbittlichen Zersiedelung verschluckt worden war. Wenn Heidi nicht gerade in Singapurs Seitengassen und vergessenen Orten unterwegs ist, schreibt sie Beiträge für ihren preisgekrönten Blog *QuirkyCruise.com* über Reisen und Kreuzfahrten auf kleinen Schiffen. Ihr Blog wurde bereits in der *SATW Foundation Lowell Thomas Travel Journalism Competition* 2018–19 hoch gelobt.

Jerome Lim war schon immer fasziniert vom Erbe und der Tradition Singapurs und betreibt daher seit 2008 seinen eigenen Blog *The Long and Winding Road*, in dem er seine Erinnerungen an das alte Singapur festhält. Er gilt als einer der besten Kenner der Geschichte der Insel und liebt nichts mehr, als das Singapur zu erforschen und zu fotografieren, das viele Menschen vergessen haben oder von dem sie gar nicht wussten, dass es überhaupt existiert. Jerome Lim ist von Beruf Schiffsbauingenieur und veranstaltet für die *Singapur Land Authority* (SLA) auch Touren zu ungewöhnlichen Plätzen. Jerome Lims größte Leidenschaft ist es, faszinierenden Aspekten der Vergangenheit Singapurs in der Nationalbibliothek nachzugehen oder sie direkt vor Ort zu erforschen – natürlich mit Notizbuch und Kamera in der Hand –, stets auf der Suche nach Relikten und Belegen dessen, was vor unserer Zeit war.

Es hat uns große Freude bereitet, *Verborgenes Singapur* zusammenzustellen, einen Reiseführer, der Ihnen helfen soll ungewöhnliche, verborgene oder wenig bekannte Aspekte des Stadtstaates zu entdecken.
Die Beschreibungen bestimmter Orte werden von thematischen Abschnitten begleitet, die historische Details oder Anekdoten hervorheben, um den Stadtstaat in seiner ganzen Komplexität noch besser zu verstehen.
Verborgenes Singapur lenkt die Aufmerksamkeit auf die vielen Details, an denen wir tagtäglich vorbeigehen, ohne sie überhaupt zu bemerken. Mit diesem Buch wollen wir Sie dazu einladen, das Stadtbild genauer zu betrachten und ganz allgemein der Stadt mit der gleichen Neugier und Aufmerksamkeit zu begegnen, die wir bei unseren Auslandsreisen an den Tag legen ...

Kommentare zu diesem Reiseführer und seinem Inhalt sowie Informationen über Orte, die wir vielleicht nicht erwähnt haben, sind mehr als willkommen und werden zukünftige Ausgaben bereichern.

Kontaktieren Sie uns:
E-Mail: info@jonglezverlag.com
Jonglez Verlag, Danziger Straße 4
10435 Berlin

Johor Bahru
(Malaysia)
Sembawang
Woodlands
Lim
Chu Kang
Iskandar
Puteri
Choa
Chu Kang
Central
Catchment
Nature Reserve
Bukit
Panjang
SINGAPORE
Bukit
Batok
Boon Lay
Jurong
West
Jurong
East
Tuas
Bukit
Timah
Clementi
S. 136
Alexandra
Jurong Island
Busing
Bukom
Sebarok
Sudong
Semakau
Pawai
Senang
N
0
5
10 km
S. 154

Pasir Gudang
Simpang
Yishun
Seletar
Ubin
Punggol
Sengkang
Thomson
Hougang
Loyang
Pasir Ris
Changi Airport
Tampines
Bishan
Potong Pasir
Simei
Bedok
S. 108
Little India
Geylang
Tanjong Katong
Fort Canning
S. 46
Tanjong Pagar
S. 10
Brani
Sentosa
Singapore Strait
Batam (Indonesia)
S. 202

INHALT

Chinatown und Tanjong Pagar

Fort Canning und der Civic District

Selegie Road, Little India und Kampong Glam

INHALT

Botanischer Garten und Umgebung

Bukit Timah, Südküste, Jurong und der Norden

Das Landesinnere, die Ostküste und Changi

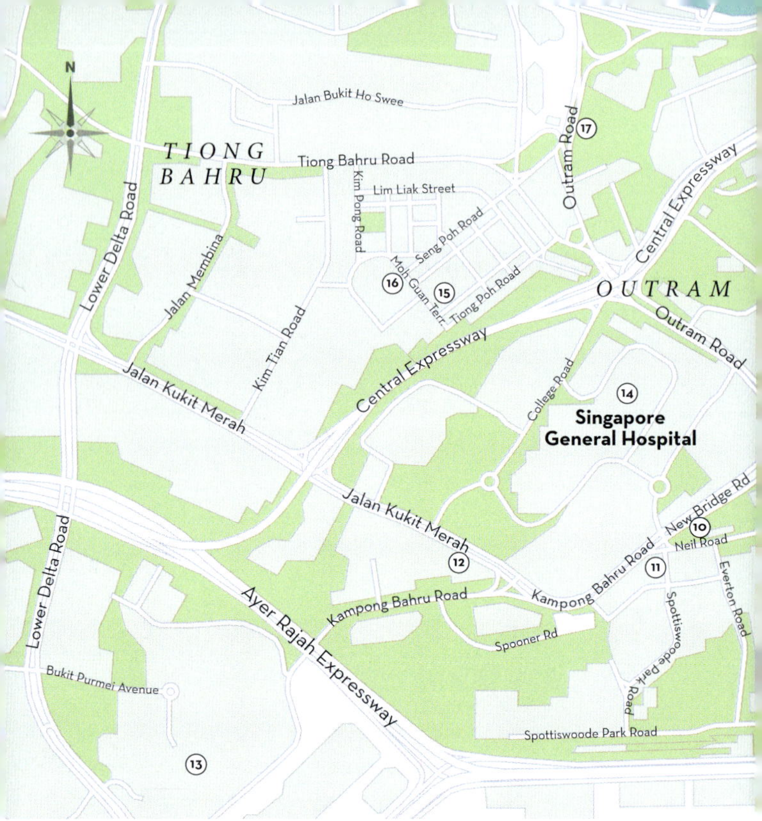

Chinatown und Tanjong Pagar

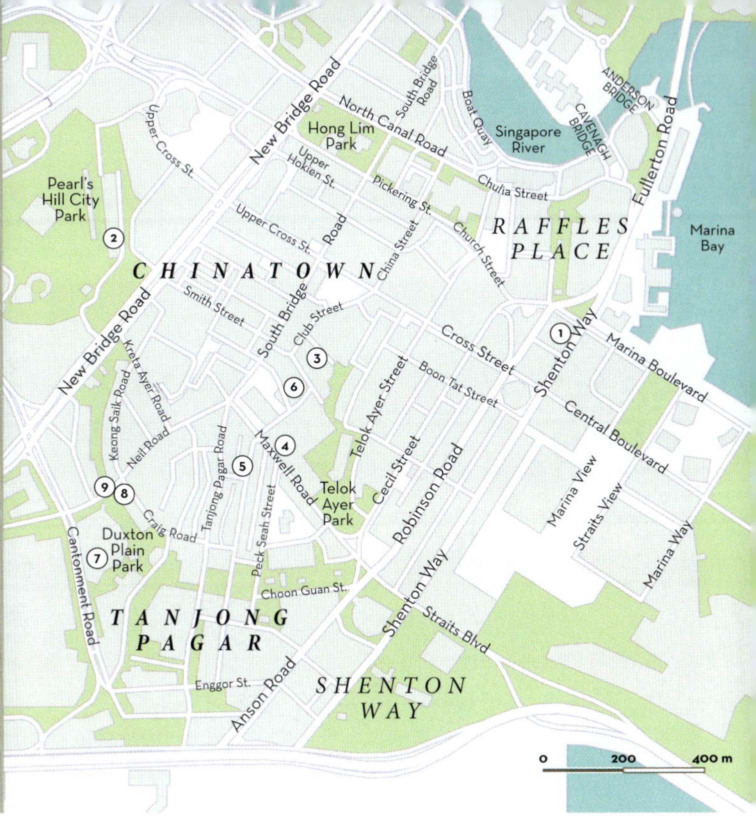
Pearl's Hill City Park
CHINATOWN
New Bridge Road
Upper Cross St.
North Canal Road
South Bridge Road
Hong Lim Park
Upper Hokien St.
Pickering St.
Boat Quay
Singapore River
ANDERSON BRIDGE
CAVENAGH BRIDGE
Fullerton Road
Chulia Street
RAFFLES PLACE
Marina Bay
Church Street
China Street
Smith Street
Club Street
Cross Street
Shenton Way
Marina Boulevard
Kreta Ayer Road
Keong Saik Road
Neil Road
Boon Tat Street
Central Boulevard
Telok Ayer Street
Maxwell Road
Tanjong Pagar Road
Cecil Street
Robinson Road
Marina View
Straits View
Marina Way
Telok Ayer Park
Craig Road
Duxton Plain Park
Cantonment Road
Peck Seah Street
Choon Guan St.
TANJONG PAGAR
Straits Blvd
Enggor St.
Anson Road
SHENTON WAY
0
200
400 m

DIE JAMES-CUTLER-BRIEFRUTSCHE

1

Ein ungewöhnliches System, das 1883 erfunden wurde

Ascott Raffles Place, 2 Finlayson Green
MRT (Metro-Station): Raffles Place

Eine klassische alte Briefrutsche von James Cutler, wie man sie sonst eher in einem der ersten Wolkenkratzer von New York vermuten würde, passt perfekt in diese Wohnung im 18-stöckigen, vom Art-Déco-Stil geprägten *Ascott Raffles Place* in Finlayson Green – dem ehemaligen Gebäude der *Asia Insurance*.

Das mit rund 20.000 cremefarbenen Travertinfliesen verkleidete Gebäude, dessen Innenräume beeindruckend gut erhalten sind, bringt einen Hauch frische Luft in das Chaos aus Glas- und Stahlfassaden des Bankenviertels und ist ein schönes Beispiel für die fortschrittliche Architekturszene Singapurs der 1950er-Jahre. Konzipiert wurde der *Ascott Raffles Place* von Ng Keng Siang, einem bahnbrechenden Architekten der Stadt. Das Gebäude gilt als das erste erdbebensichere Bauwerk in ganz Südostasien und war bei seiner Fertigstellung 1955 das höchste der Region.

In die aus Messing gefertigte Briefrutsche des Ascott kann die Post aus jedem der 15 Stockwerke eingeworfen werden, wobei ein Aushang auf jedem Stockwerk genau ihre Verwendung erklärt: Jeder Brief muss einzeln eingeworfen werden und darf nicht gefaltet sein. Große oder sperrige Gegenstände sollten ebenfalls nicht in die Briefrutsche geworfen werden. Die gesamte Post kommt dann in einem „Empfangskasten" im ersten Stock an – meistens zumindest. Denn bei der Renovierung des Gebäudes Anfang des 21. Jahrhunderts, als es in einen luxuriösen Service-Wohnpark umgewandelt wurde, fand man eine Reihe nicht zugestellter Sendungen (persönliche Briefe, Grußkarten und Rechnungen), die in der Rutsche steckengeblieben waren und sich im Laufe der Jahre angesammelt hatten.

Die 1883 von James Goold Cutler erfundene Briefrutsche schien für die hoch aufragenden Gebäudestrukturen, die das Gesicht der amerikanischen Städte an der Wende zum 20. Jahrhundert verändern sollten, eine unverzichtbare Ergänzung zu sein.
Cutler, Architekt aus Rochester, New York, und für eine Amtszeit auch Bürgermeister der Stadt, ließ sich das Design der Rutsche patentieren und lieferte während der 20 Jahre Dauer des Patents etwa 1600 derartiger Briefrutschen, deren Design auch außerhalb der USA Anklang fand. Doch aufgrund der zahlreichen Fälle, in denen die Post tatsächlich feststeckte, verlor man schon bald das Interesse an den Briefrutschen. Die später installierte Briefrutsche im Gebäude der *Asia Insurance*, so wie auch die in New York City und anderen amerikanischen Städten installierten Briefrutschen, befanden sich in Gebäuden, die das „Zeitalter der Wolkenkratzer" einläuten sollten.

DAS WAPPEN DER *STRAITS-SETTLEMENTS-POLIZEI*

②

Ein Wappen auf dem Abzeichen der Straits-Settlements-Polizeiuniform

Pearl's Hill Upper Barracks
195 Pearl's Hill Terrace, Singapore 168976
MRT: Chinatown oder Outram

Das modellierte Wappen über dem Haupteingang der *Pearl's Hill Upper Barracks* übersieht man leicht, und doch erinnert es an eine wichtige Epoche in der Geschichte Singapurs. Es besteht aus drei Kronen in einer roten Diamantform über den Worten *Straits Settlements Police* – so wie es damals auf den Abzeichen der Straits-Settlements-Polizeiuniform verwendet wurde. Die drei Kronen stehen für die drei Siedlungen Singapurs, Malakka und Penang (früher bekannt als Prince of Wales Island). Das imposante Gebäude der *Upper Barracks* liegt am Südhang von Pearl's Hill, einem der höchsten Punkte im Stadtzentrum und war während vieler Jahrzehnte des 20. Jahrhunderts ein wichtiger Aussichtspunkt, von dem aus man Chinatown und einen Großteil Singapurs überblicken konnte. Das 1934 von den Stadtwerken im vereinfachten neoklassizistischen Stil errichtete Bauwerk ist so langgezogen, dass es durchaus als eines der größten städtischen Gebäude jener Zeit bezeichnet werden kann. In den letzten Jahren beherbergte es Ministerien, die mit Sicherheitsfragen befasst waren, sowie das Polizeipräsidium. Die hohen Flure und Innenhöfe, die ein Höchstmaß an natürlichem Licht und Belüftung ermöglichen, sind charakteristisch für die britischen Kasernen in den Tropen. Seine Dimension lässt erahnen, wie viele Polizisten damals hier untergebracht waren – nämlich das riesige Sikh-Kontingent.

Die Briten rekrutierten viele Sikhs, bekannt für ihre Furchtlosigkeit und Disziplin, fürs Militär und den Polizeidienst, und das Reorganisationsprogramm der Polizei in den späten 1920er-Jahren zog viele weitere Sikhs aus Indien nach Singapur. Daher brauchte man neue Kasernen, und so wurden die *Upper Barracks* für verheiratete Polizisten und ihre Familien sowie die Lower Barracks für alleinstehende Polizisten gebaut. Als das Sikh-Kontingent nach dem Krieg aufgelöst wurde, zog die Police Radio Division in die *Upper* und *Lower Barracks* ein. Nach der Unabhängigkeit im Jahr 1965 wurden die *Upper Baracks* zum Innen- und Verteidigungsministerium, das 1970 schließlich in das Verteidigungsministerium und das Innenministerium aufgeteilt wurde, die die *Upper Barracks* bis 1977 weiter nutzten. Danach war das Gebäude bis 2001 Sitz des Polizeipräsidiums.

Pearl's Hill erinnert an James Pearl, den Kapitän der *Indiana*, dem Schiff, das Sir Stamford Raffles bei der Gründung Singapurs hierherbrachte. James Pearl erwarb den Hügel 1822 mit der Absicht, Pfeffer anzubauen. Im Laufe der Jahre entstanden hier ein chinesisches Armenkrankenhaus – der Vorgänger des *Tan Tock Seng Hospital* – sowie Militär- und Polizeikasernen. Um die Mitte des 18. Jahrhunderts befand sich am westlichen Fuß des Hügels auch das in den 1960er-Jahren abgerissene *Outram-Gefängnis*, und auf dem Hügel selbst entstanden Unterkünfte für die Wärter.

FENSTERGITTER MIT BASKETBALLMOTIVEN

③

Das ehemalige Clubhaus eines Basketballverbands

Goh Loo Club, *70 Club Street*
MRT: Tanjong Pagar, Chinatown oder Telok Ayer

So unscheinbar sie auch aussehen mögen, so haben die Säle auf der ersten und zweiten Etage des *Goh Loo Clubs* in der Club Street doch eine Geschichte zu erzählen. Die erste Etage beherbergte von 1946 bis 1971 den neu gegründeten *Amateur-Basketballverband Singapurs* (*SABA*), ehemals *Basketballverband Singapur* (*BAS*), wie man unschwer an den in den 1950er-Jahren angebrachten eisernen Fenstergittern mit Basketballmotiven erkennen kann. Der Verband wurde 1946 von *Goh*

Chye Hin, einem Basketball-Enthusiasten und Präsidenten des Goh Loo Clubs, gegründet. Die Organisation trug dazu bei, Basketball in Singapur als Breitensport bekannt zu machen und schickte starke Mannschaften zu Turnieren in der Region und sogar zu den Olympischen Spielen 1956 in Melbourne, Australien. Der *Goh Loo Club* in der Club Street ist eine der wenigen exklusiven Einrichtungen, nach denen die Straße benannt ist. Er wurde von einer Gruppe ausgewählter chinesischer Geschäftsleute als Treffpunkt gegründet. Zu deren Mitgliedern gehörten auch Dr. Lim Boon Keng und Lee Kong Chian, beides angesehene Persönlichkeiten aus Singapurs Vergangenheit. Der Club wurde 1905 gegründet und bezog 1927 seine heutigen Räumlichkeiten. Das Klubhaus ähnelt in vielen Details den im alten Stadtbild Singapurs allgegenwärtigen Ladenhäusern – mit Ausnahme seiner ungewöhnlichen Breite.

Gründung der Overseas Chinese Association

Was die meisten nicht wissen, ist, dass der Saal im zweiten Stock im März 1942, nur wenige Wochen nach der unrühmlichen Kapitulation Singapurs vor den Japanern, Zeuge eines historisch bedeutsamen Ereignisses war – der Gründungsversammlung der *Overseas Chinese Association* (*Chinesische Übersee-Vereinigung*). Die Gründung der Vereinigung bot der chinesischen Gemeinde Singapurs eine Plattform, um mit den japanischen Militärbehörden zu verhandeln, die gerade dabei waren, mit einer der schlimmsten Gräueltaten der Besatzungszeit zu beginnen: der Säuberung von Sook Ching. Diese Aktion begann weniger als eine Woche nach dem Fall der Stadt und führte zur Verhaftung und Hinrichtung zahlreicher Gemeindemitglieder. Etwa 250 Mitglieder der neu gegründeten Vereinigung waren anwesend. Um mit der Säuberung aufzuhören und als Wiedergutmachung für die Unterstützung der antijapanischen Bewegung in China durch Singapur-Chinesen, forderten die Japaner ein „Geschenk" von 50 Millionen Dollar. Obwohl diese Summe extrem schwer aufzutreiben war, wurde die Forderung nach zwei Fristverlängerungen erfüllt. Dazu mussten Vermögenswerte verkauft und ein Kredit von 22 Millionen Dollar bei einer japanischen Bank aufgenommen werden. Ein Wandgemälde an der Außenwand des Clubhauses, das 2016 angebracht wurde, zeigt die Gesichter einiger der damals bei der Gründungsversammlung Anwesenden.

CITY GALLERY SINGAPUR

4

Wo man Singapur in klein sehen kann

45 Maxwell Rd
Mo–Sa 9–17 Uhr
MRT: Chinatown oder Tanjong Pagar

Für den Besucher muss es so aussehen, als sei jeder Quadratzentimeter der bebauten Landschaft Singapurs sorgfältig geplant worden. Diese Arbeit ist Sache der *Urban Redevelopment Authority* (*URA*), der Behörde zur Sanierung und Erneuerung Singapurs, die ihre Arbeit in einem wunderbaren Architekturmodell des Zentrums von Singapur im Maßstab 1:400 im Inneren des eher unscheinbar aussehenden *URA*-Gebäudes in der *Singapur City Gallery* festgehalten hat. Dieses Modell, das weniger als 3 Prozent der Insel abbildet, ist eines der größten der Welt und befindet sich am Ende des vorgeschlagenen Rundgangs durch die City Gallery. Es ist auch eines der ältesten Exponate der Galerie, denn es wurde schon vor ihrer Eröffnung gebaut, und Teile davon stammen aus den frühen Jahren der Unabhängigkeit Singapurs in den späten 1960er-Jahren. Das Modell wird jede Stunde von einer audiovisuellen Show untermalt. Auch das Modell der Insel Singapur in der City Gallery verdient es, betrachtet zu werden: es zeigt die gesamte Insel im Maßstab 1:1000 und befindet sich im ersten Stock. Dieses aus einfachem Balsaholz gefertigte Model stellt eine Makro-Perspektive Singapurs dar.

Aufgrund der begrenzten Fläche verlangt die Stadtplanung in Singapur ein langfristiges und integriertes Konzept. Die URA übernimmt dabei die Führung und bezieht andere Regierungsstellen in den Konzeptplan mit ein, der alle 10 Jahre überprüft wird. In diesem Plan werden Flächennutzung und Verkehr über einen Zeitraum von 40 bis 50 Jahren dargestellt. Der Masterplan, der die Entwicklung über einen Zeitraum von 10 bis 15 Jahren lenkt, ist etwas detaillierter. Er wird alle fünf Jahre überprüft.

DIE GRUNDBUCHEINTRÄGE SINGAPURS

⑤

Ein Blick in die Geschichte der Stadt

Maxwell Reserve Singapore Hotel
2 Cook Street
MRT: Maxwell

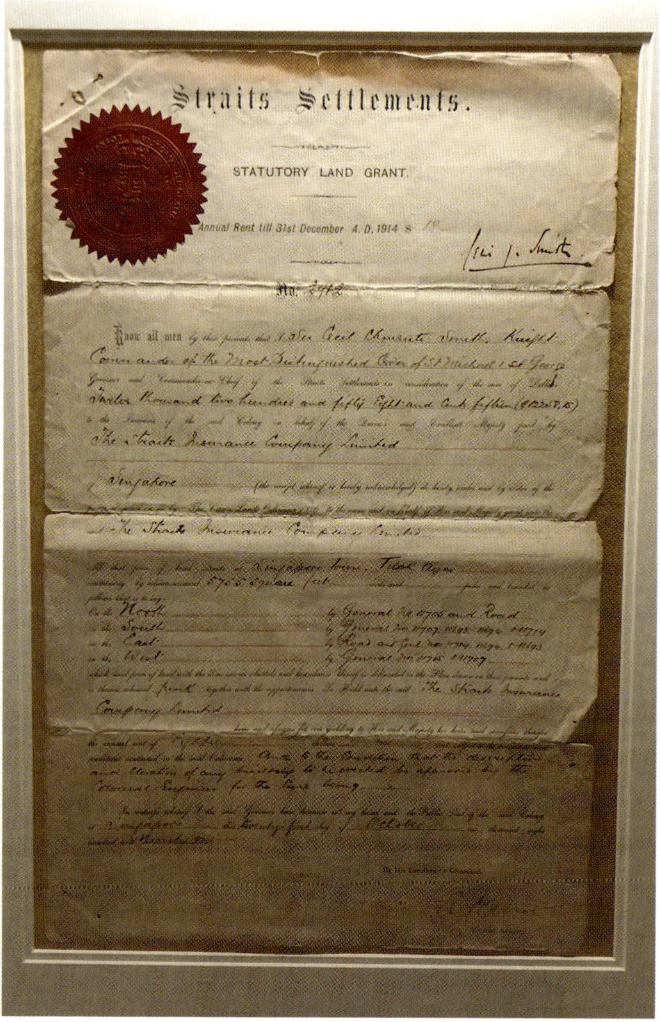

Straits Settlements.

STATUTORY LAND GRANT.

Annual Rent till 31st December A.D. 1914 $

Im Maxwell Reserve Singapore Hotel in der Cook Street achten nur wenige Gäste auf die Wände der Hotellobby, die voller gerahmter Dokumente sind. Bei den vergilbten Schriftstücken mit schwer lesbarer Kalligrafie handelt es sich um Grundbucheinträge, die den Kauf und Verkauf von Land dokumentieren, um Plantagen zu errichten, Häuser zu bauen, und um Unternehmen im Singapur der Kolonialzeit und in den Nachbarländern Penang, Malakka, Sarawak und Surabaya zu gründen.

Die Urkunden und Transaktionen, die ein Licht auf die Zeit werfen, als Teile der Region unter dem Schutz von British Malaya standen, sind ausgestellt in spanischen Dollars, indischen Rupien und Straits Dollars. Einige sind sogar im Namen der Königin von England angefertigt. Diese Währungen wurden zu verschiedenen Zeiten in Singapur verwendet, was beweist, dass Singapur in den letzten zwei Jahrhunderten ein wichtiges Handelszentrum in Südostasien war. Das älteste Dokument ist ein Landkaufvertrag aus Surabaya, Indonesien, vom Dezember 1709. Die meisten anderen Dokumente stammen aus dem 19. Jahrhundert, als die Welt verrückt war nach Zinn, Gummi und Opium. Unterschiedliche Schreibweisen spiegeln die Schulbildung oder den ethnischen Hintergrund der Person wider, die das Dokument anfertigte, und zeigen ein faszinierendes Bild der Sitten und Gebräuche der damaligen Zeit. Einige Dokumente sind von historischer Bedeutung, weil sie sich auf ikonische Orte in Singapur beziehen. Andere stechen aufgrund der darin vertretenen wichtigen Geschäftsleute oder Staatsmänner hervor – einflussreiche Persönlichkeiten wie Thomas Stamford Raffles, Cecil Clementi Smith, Song Ong Siang und Manasseh Meyer, deren Vermächtnis in den Namen von Straßen, Brücken und öffentlichen Plätzen Singapurs weiterlebt.

IN DER UMGEBUNG

Singapurs ältester Aufzug ⑥

Modernistisches Gebäude aus dem Jahr 1922, 5 Kadayanallur Street

Der unscheinbare Bau ist Singapurs ältestes modernistisches Gebäude und beherbergt den vermutlich ältesten Aufzug Singapurs. Das 1922 von Harry Robinson vom Architekturbüro *Swan & Maclaren* entworfene Gebäude wurde für das St. Andreas Missionskrankenhaus für Frauen und Kinder von Bedürftigen aus den Vierteln in und um Chinatown gebaut. Der Aufzug, der 1929 nachgerüstet wurde, war die einzige Möglichkeit für Patienten, an das für ihre Behandlung so wichtige Sonnenlicht und die frische Luft zu gelangen – nämlich aufs Krankenhausdach. Der Aufzug von *Smith, Major & Stevens* besitzt noch seine Original-Holzpaneele und Falttüren. Unlängst wurde das Gebäude zum Bürokomplex umfunktioniert.

Die Geschichte der Landgewinnung Singapurs

Die geologische Beschaffenheit Singapurs, das aus einem Granitsockel und darüberliegenden Schichten aus weicherem Sandstein und Flusssedimenten besteht, hat eine Vergrößerung der vergleichsweise geringen Größe Singapurs relativ leicht gemacht. Die Geschichte der Landgewinnung ist ein faszinierendes Beispiel für Einfallsreichtum und Pragmatismus. Was wir heute sehen, unterscheidet sich erheblich davon, wie es hier im 19. Jahrhundert und davor aussah. Landgewinnung ist in Singapur kein neues Phänomen: Das erste Projekt wurde nur drei Jahre nach Raffles Ankunft durchgeführt und hatte die Befestigung des Südufers des Singapur Rivers zum Ziel. Seitdem hat sich die Landfläche Singapurs im Laufe von 200 Jahren um etwa 25 Prozent vergrößert – von 58.150 auf 71.910 Hektar (von 578 km^2 auf 719 km^2).

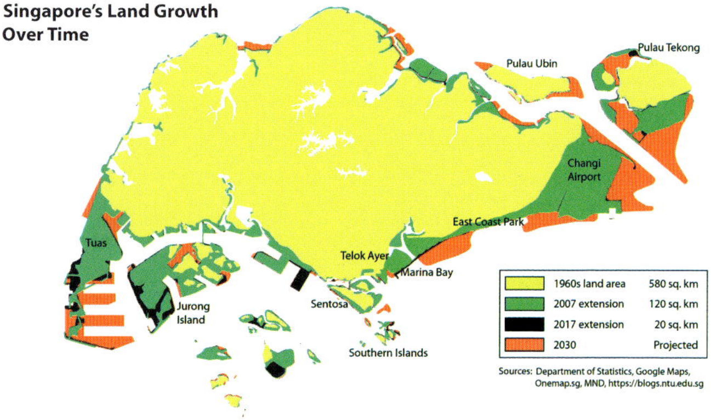

Die verlorenen Inseln Singapurs

Heute gibt es etwas mehr als 60 Inseln, die die Republik Singapur ausmachen, aber früher gab es mindestens ein Dutzend mehr, die im Laufe der Zeit entfernt, zugeschüttet oder mit anderen Inseln zusammengelegt wurden, um die Landgewinnung zu erleichtern – u.a. Pulau Seking im Süden, einst so groß wie zehn Fußballfelder, und das winzige Pulau Saigon im Singapur River. Sentosa, früher bekannt als Pulau Blakang Mati, entstand ab 1979 durch den Zusammenschluss einer Inselgruppe, ebenso wie Jurong Island, das 2003 durch die Verbindung von sieben Inseln des Ayer-Chawan-Archipels entstanden ist, wodurch 3.000 Hektar (30 km^2) an Industriefläche hinzukamen – perfekt für die wachsende petrochemische Industrie Singapurs.

Die verlorenen Hügel Singapurs

Das heutige Singapur ist ein relativ flaches Eiland, mit Ausnahme einiger kleiner Bukits (malaiisch für Hügel), die überall auf der Insel auftauchen, wie der 133 Meter hohe Bukit Gombak, der 106 Meter hohe Bukit Batok und der 105 Meter hohe Mount Faber, um nur einige zu nennen. Und das sind wirklich nur wenige, denn viele der ursprünglichen Hügel Singapurs gibt es nicht mehr – sie wurden abgetragen, um als Aufschüttung für Singapurs massive, 200 Jahre andauernde Landgewinnungsmaßnahmen zu dienen. Der erste Hügel, der verschwand, war dort, wo sich heute die Battery Road befindet. Raffles traf die Entscheidung, ihn abzutragen. Seine Erde wurde von Arbeitern in die Sümpfe am Südufer des Singapur Rivers transportiert, wo sie zum Bau des Boat Quay diente. Allein in Chinatown gab es mindestens sieben Hügel. Heute ist Pearl's Hill einer der wenigen übrig gebliebenen Hügel, zusammen mit Ang Siang Hill und Duxton Hill, die jedoch beide nicht hoch genug sind, um als solche bezeichnet werden zu können. Sogar der Fort Canning Hill wurde nicht verschont. Der Chefingenieur der Straits Settlements, George Collyer trug die Hügelspitze ab, um dort Platz für das Fort zu schaffen. Und noch in den 1970er-Jahren wurden Hügel in Bedok und Tampines eingeebnet, um Landmasse zur Urbarmachung der Ostküste Singapurs zu schaffen. Doch das Gestein und der Sand, die bei der Abflachung der Hügel gesprengt und gewonnen wurden, reichten nicht immer aus, und so wurde zusätzlich Sand für den Bau und die Landgewinnung aus Malaysia, Indonesien, Vietnam und Kambodscha importiert. In jüngster Zeit erkennen jedoch viele Länder die Umweltschäden, die durch das Ausbaggern und den Export derart großer Sandmengen verursacht werden. Singapur hat daher begonnen, innovative Lösungen zu finden, um die laufenden Landgewinnungsprojekte in Tuas und anderen Teilen der Insel auch ohne Sand realisieren zu können.

Kleines Malaiisch-Wörterbuch

Ayer = Wasser
Bukit = Hügel
Pasir = Strand
Pulau = Insel
Sungei = Fluss/Flussmündung
Tanjong = Halbinsel

DIE AUSSICHT VOM PINNACLE@DUXTON

⑦

So beeindruckend wie der Sands SkyPark auf dem Dach des Marina Bay Sands

1G Cantonment Road
Tgl. von 9–21 Uhr
Besucher benötigen für den Eintritt eine EZ-Link-Karte. Diese gibt es an MRT-Stationen, in 7-Eleven-Läden oder an Shell-Tankstellen
MRT: Tanjong Pagar

Auf der Wunschliste aller Touristen in Singapur steht ein Besuch der Aussichtsplattform im *Sands SkyPark* auf dem kultigen *Marina Bay Sands* – aber der Eintrittspreis ist genauso hoch wie die Plattform. Nur wenige wissen allerdings, dass man unweit vom Marina Bay eine ebenso beeindruckende Aussicht hat, nämlich von der Spitze des *Pinnacle@Duxton*, dem höchsten Sozialwohnungskomplex der Welt – und das zu einem viermal geringeren Preis. Der Gebäudekomplex hat mit fast 164 Metern genau die Höhe des Bukit Timah, des höchsten Hügels in Singapur, aber da sich der Wolkenkratzer mitten in der Stadt befindet, ist die Aussicht von hier viel besser. Vom 50. Stockwerk aus kann man im Süden den Hafen und das Meer mit den zu Singapur und Indonesien gehörenden Inseln überblicken, im Westen die Southern Ridges (Südliche Bergrücken) und den Mount Faber, im Norden die Orchard Road und das Landesinnere, und im Osten Chinatown, den Shenton Way, den Civic District und die Marina Bay. Außerdem ist das hier einer der besten Plätze für den Sonnenuntergang über der Stadt.

Wer die Aussicht von Dachterrassen liebt, kann auch das ION Sky auf den Etagen 55 und 56 des ION Orchard ausprobieren, um einen tollen Blick auf die Orchard Road und die umliegenden Stadtteile zu haben.

Der höchste Sozialwohnungsblock der Welt

Das *Pinnacle@Duxton* befindet sich in der Nähe von Chinatown auf dem Gelände eines der ersten Sozialwohnungsblocks des Landes, der 1963 von Singapurs *Housing & Development Board* (*HDB*) gebaut wurde. Das *Pinnacle@Duxton* wurde 2009 fertiggestellt und umfasst 1848 einzelne Wohnungen in sieben Türmen à 50 Stockwerke.

Die längsten zusammenhängenden Skygardens

Die Türme des Pinnacle@Duxton sind auf der 26. und 50. Etage durch Skybridges verbunden, die mit jeweils 500 Metern die längsten durchgehenden Skygardens der Welt bilden.

Singapurs höchstes Gebäude

Das *Tanjong Pagar Centre* ist das höchste Gebäude Singapurs. Mit seinen 290 Metern ist es um 127 Meter höher als der Bukit Timah, die höchste natürliche Erhebung Singapurs. Das 2016 fertiggestellte *Tanjong Pagar Centre* verfügt über 64 Stockwerke mit Mischnutzung, von denen allein fast 30 Stockwerke Büros beherbergen.

DER SECHSECKIGE PAVILLON DER TIGERBALSAM-PAGODE

8

Ein Pavillon, der an die sechseckigen Tigerbalsam-Tiegel erinnert

Tiger Balm Building
89 Neil Road
MRT: Outram Park oder Chinatown

In der Neil Road, wo Singapurs Denkmalschutz begann, stehen viele Gebäude von historischer und sozialer Bedeutung. Ein Beispiel dafür ist ein dreistöckiges Gebäude im neoklassizistischen Stil, das sich in die Ecke der Kreuzung Neil Road und Craig Road einfügt. Hier wurde einst der Tigerbalsam, die überall bekannte medizinische Kräutersalbe aus Singapur hergestellt. Ein Blick auf die Spitze des Gebäudes zeigt einen sechseckigen, pagodenartigen Pavillon, der die sechseckigen Tigerbalsam-Tiegel nachbildet. Das 1926 für 73.530 US-Dollar fertiggestellte Gebäude wurde von Aw Boon Haw errichtet. Aw hatte großen Erfolg mit der Vermarktung einer Rezeptur für einen Balsam, die er von seinem Vater geerbt hatte, und die er zunächst als *Ten Thousand Golden Oils* anpries. Nachdem Aw den Balsam nach sich selbst umbenannt hatte – sein Name Boon Haw bedeutet übersetzt sanfter Tiger – ließ er sich in der Region nieder und erweiterte sein Geschäft. Aw, ein angesehener Philanthrop, gründete auch die *Tiger Balm Gardens* in Hongkong und Singapur. Neben der Fabrik beherbergte das Gebäude die Büros von Aw's Firma *Eng Aun Tong* und eine „Medical Hall", in der die in der Fabrik hergestellten Produkte verkauft wurden. Die Fabrik wurde bis 1971 an diesem Standort betrieben. Danach wurde die Produktion ausgelagert und eine neue Fabrik im Industriegebiet im Westen Singapurs errichtet. Seit 1992 steht das alte Firmengebäude unter Denkmalschutz.

Die Gebrüder Aw

Aw Boon Haw war die treibende Kraft im Unternehmen Haw Par, das er zusammen mit seinem jüngeren Bruder Aw Boon Par gründete. Als Erbe der Firma *Eng Aun Tong* seines Vaters Aw Chu Kin, zog Aw von Rangun nach Singapur und dehnte seinen Aktionsradius auf den Fernen Osten aus, um seine beliebten Produkte an die Chinesen in der Region zu verkaufen. Boon Haw baute für seinen jüngeren Bruder, der im Zweiten Weltkrieg umgekommen war, auch die *Haw-Par-Villa* (siehe S. 176). Die berühmten *Tiger Balm Gardens* waren bis in die 1970er-Jahre eine beliebte Attraktion. Boon Haw war als Wohltäter für viele soziale Projekte bekannt, u.a. für das *Boys-Town-Projekt*, eine Berufsschule für Jungen, und *The Little Sisters of the Poor*, ein Altersheim.

DUXTON PLAIN PARK

⑨

Das älteste Eisenbahn-Relikt Singapurs

New Bridge Road zu Yan Kit Road
MRT: Outram Park

Ganz in der Nähe des turbulenten und überfüllten Zentrums von Chinatown und leider oft übersehen, liegt der *Duxton Plain Park* – eine kleine grüne Oase, die sich in einem schmalen, 600 Meter langen Korridor von der New Bridge Road bis zur Yan Kit Road erstreckt. An der Neil Road wird der Park fast in zwei Hälften geteilt – er muss sich hier unter einer Brücke hindurchschlängeln. Die Brücke wurde für die erste Eisenbahnlinie Singapurs gebaut, um den Verkehr über eine 1907 errichtete Verlängerung nach Pasir Panjang zu leiten. Sie ist heute das älteste Eisenbahn-Relikt Singapurs und das einzige Bauwerk, das noch mit der 1903 errichteten *Singapur Government Railway* verbunden ist. Die Verlängerung wurde zwischen 1912 und 1914 stillgelegt, die ursprüngliche Strecke im Jahr 1932. Das 1995 noch intakte Teilstück wurde im gleichen Jahr in einen öffentlichen Park umgewandelt. Damit blieb zum ersten Mal eine stillgelegte Bahntrasse für die öffentliche Nutzung erhalten – ein Thema, das heutzutage von großem öffentlichem Interesse ist, seit Singapurs 23 Kilometer lange Nord-Süd-Verbindung 2011 offiziell stillgelegt wurde. Die Brücke verrät auch einen der Hauptnutzer des Parks in seiner Anfangszeit, denn auf einem Metallrahmen an einer Seite steht in chinesischer Sprache *Chin Woo Athletic Association*. Dieser Verband hat seine Wurzeln in Shanghai und wurde gegründet, um Jugendliche durch Kampfsporttraining von Kriminalität und Opiumkonsum fernzuhalten. Der Verband erstreckte sich auch auf die chinesischen Gemeinden außerhalb Chinas und kam 1922 nach Singapur. Mit seinem Clubhaus in der Neil Road war der Park ein idealer Trainingsort. Die abendlichen Löwen- und Drachentanzübungen zogen zahlreiche Neugierige an, darunter auch einen jungen Abgeordneten aus der Gegend – den inzwischen verstorbenen Lee Kuan Yew. Er wurde der erste und am längsten amtierende Premierminister Singapurs und ist dafür bekannt, dass er Singapur dorthin gebracht hat, wo es heute steht.

Verstecktes Grabmal

Der südliche Teil des Parks verläuft entlang der Rückseite der Ladenhäuser in Bukit Pasoh, wo sich hinter einem dieser Läden ein Grabmal befindet – das einer heiligen muslimischen Frau namens Sharifah Rogaya. Interessanterweise wird das einsame Grab von vielen Menschen anderer Religionen besucht, die Blumen und Weihrauch als Zeichen ihrer Verehrung niederlegen. Dieser Brauch, der seinen Ursprung in einem mystischen Zweig des Islam hat, ist im Mainstream-Islam verpönt und wird von Anhängern außerhalb des islamischen Glaubens am Leben erhalten.

NUS BABA HOUSE

⑩

Ein atemberaubendes Museum, das man nur nach Voranmeldung besuchen kann

157 Neil Road
(65) 6227 5731 – babahouse@nus.edu.sg – babahouse.nus.edu.sg
Nur nach Voranmeldung
Audioführung: Sa 13.30, 14.15, 15.15 und 16 Uhr
Heritage-Führungen (Englisch): Di–Fr 10 Uhr
文化遗产导览 *(Mandarin): Jeden ersten Montag im Monat um 10 Uhr*
MRT: Outram Park
Bus 61, 166, 167, 196, 197 (Neil Rd, Blk 3 - 10021)

Die beeindruckende Sammlung traditioneller Alltagsgegenstände und persönlicher Dinge im *NUS Baba House*, dem Herrenhaus eines Magnaten aus dem 19. Jahrhundert, kann man nur nach Voranmeldung besuchen (draußen gibt es kein Hinweisschild). Dieses alte traditionelle, in einem lebendigen und authentischen Aquamarin-Ton gestrichene Herrenhaus der *Peranakan* (in den Straits geborene Chinesen) zu erkunden ist ein seltenes Vergnügen. Wer sich die Mühe macht, wird mit einer Fülle von Artefakten belohnt, von denen viele der Familie des Schifffahrtsmagnaten Wee Bin gehörten, der 1910 das Haus aus den 1890er-Jahren für seine Familie kaufte. Wee gründete in den 1860er Jahren ein Schifffahrtsunternehmen, das bis zum Ende des Jahrhunderts zu einer der größten chinesischen Reedereien in Singapur werden sollte. Das Herrenhaus bewohnten über Jahrzehnte Wees Nachkommen.

Im Jahr 2006 wurde es von der *Nationalen Universität Singapur (NUS)* mit Hilfe einer Spende von Agnes Tan zum Andenken an ihren verstorbenen Vater, dem bekannten malaysischen Geschäftsmann und Gemeindeleiter Tun Tan Cheng Lock, erworben. Zwei Jahre später eröffnete das *NUS Baba House*, benannt nach dem Titel, den Peranakan-Männer tragen. Die ersten beiden Stockwerke sind eine originalgetreue Nachbildung des Hauses der Familie Wee, komplett eingerichtet mit den Perlmuttmöbeln der Familie, Porträts, einem Schrein, einem zwei Meter hohen viktorianischen Himmelbett und einem Tenong, einer traditionellen Kiste für Hochzeitsgeschenke.

Die dritte Etage des Museums ist Ausstellungen über die Nachbarschaft und die Gemeinde gewidmet.

Die Neil Road

Die im historischen Viertel Blair Plain gelegene Neil Road erhielt ihren Namen von einem Helden des Indischen Aufstands von 1857 – Oberst Neil von den Madras Fusiliers. Singapurs erster Premierminister Lee Kuan Yew verbrachte einige Jahre seiner Kindheit in der Neil Road 147, die 1920 von seinem Großvater erworben wurde. In der Straße befinden sich auch das *Jinrikshaw-Gebäude*, das *Eng-Tong-Gebäude*, in dem der Tigerbalsam hergestellt wurde, sowie eine Zeit lang die *Fairfield Methodist Girls' School.*

DIE FASSADE VON SPOTTISWOODE PARK ROAD 66

11

Singapurs älteste noch erhaltene bemalte Hausfassade

66 Spottiswoode Park Road
MRT: Outram Park nahe Singapore General Hospital

Reliefs und Zierfliesen machen einen Großteil der Dekoration aus, die typisch für die Anfang des 20. Jahrhunderts errichteten Ladenhäuser in Blair Plain sind, einem charmanten Landschaftsschutzgebiet am Rande von Chinatown, hinter dem stillgelegten Bahnhof *Tanjong Pagar* an der Keppel Road. Eine kleine Abweichung dieser Mode findet sich an der oberen Fassade eines Hauses in der Spottiswoode Park Road 66, auf der eine Wandmalerei archtypische chinesische Verzierungen mit

Blumen- und Tiermotiven sowie glücksverheißenden Worten darstellt. Die Kombination der Farben Rostbraun und Ultramarinblau ist jedoch eher untypisch für chinesische Wandmalereien. Es wird vermutet, dass diese Farben die einzigen waren, die damals zur Verfügung standen, und dass die Verwendung von wenigen Farben einfach billiger war. Auf das Wandgemälde wurde man aufmerksam, als die im Laufe der Jahre aufgetragenen Farbschichten verblassten. Es ist das einzige seiner Art in ganz Singapur. Es wird angenommen, dass es beim Bau des Ladenhauses im Frühen Stil in den 1890er-Jahren entstanden ist. Dadurch erhält das Ladenhaus die Auszeichnung, das Gebäude mit der ältesten bemalten Fassade Singapurs zu sein.

Die Ladenhäuser

Die in den 1820er-Jahren aufgekommenen Ladenhäuser sind eine Kombination aus asiatischen und europäischen Einflüssen: In der Regel befanden sich im Erdgeschoss Läden und andere Gewerbe, während in den oberen Stockwerken Wohnräume untergebracht waren. Ein wesentliches Merkmal vieler Ladenhäuser ist der 1,5 Meter tiefe, überdachte Arkadengang – ein geschützter Korridor, der auf die Idee von Sir Stamford Raffles, dem Gründer des modernen Singapurs, zurückgeht. Raffles legte dies im Stadtplan von 1822 fest und verlangte, dass alle Backsteinhäuser „eine Arkade mit einer gewissen Tiefe" haben sollten. Man nimmt an, dass diese Idee aus dem holländischen Batavia während Raffles' Zeit als Gouverneur von Java stammte, wo die Architektur von den Gebäuden südeuropäischer Stadtplätze beeinflusst wurde. Die in Singapur bis in die 1960er-Jahre gebauten Ladenhäuser lassen sich in sechs verschiedene Stile einteilen. Der Frühe Stil, der auf die 1840er-Jahre zurückgeht, ist der einfachste. Der Erste Übergangsstil kam Anfang des 20. Jahrhunderts auf, ebenso wie der reich verzierte Späte Stil, der oft auch „Chinesischer Barock" genannt wird. Der weniger verzierte, aber immer noch sehr ansehnliche Zweite Übergangsstil hielt in den 1930er-Jahren Einzug, zusammen mit den von der Art-Déco-Bewegung beeinflussten Stilen. Der Moderne Stil der 1950er-Jahre zeigte klar eine Ausrichtung auf Schlichtheit und Funktionalität. Das Spektrum der Ladenhäuser in Blair Plain reicht von einfachen bis hin zu aufwendig dekorierten Häusern, die nicht nur den Status derjenigen widerspiegeln, die sie errichten ließen, sondern auch die Zeit, in der sie erbaut wurden. Zwar wurden viele dieser Ladenhäuser im Zuge der Modernisierung der Stadt in den 1970er- und 1980er-Jahren abgerissen, doch sind immer noch mehr als 6.000 dieser Gebäude erhalten.

GEDENKSTÄTTE UND SCHREIN FÜR DEN SIKH-MÄRTYRER BHAI MAHARAJ SINGH ⑫

Hier ruht eine der wichtigsten Persönlichkeiten der Sikh-Geschichte

Gurdwara Sahib Silat Road, Silat Road Sikh Temple
8 Jalan Bukit Merah
Tgl. von 5–21 Uhr
MRT: Outram

Seit der Gründung der Hafenstadt im Jahr 1819 stellen die Sikhs einen einflussreichen Teil der Bevölkerung Singapurs dar, auch wenn sie zahlenmäßig immer nur eine kleine Minderheit waren. Es gibt daher auch nur eine Handvoll Sikh-Tempel in Singapur. Umso überraschender ist es, dass eine der wichtigsten Persönlichkeiten der Sikh-Geschichte in Singapur begraben ist. Bhai Maharaj Singh wurde 1780 in einem Dorf im Punjab im Nordwesten Indiens geboren. Nur 18 Jahre vor seiner Geburt wurden schätzungsweise 20.000 bis 50.000 Sikhs bei wiederholten afghanischen Einfällen brutal massakriert, was fast einem Genozid gleichkam und heute als *Wadda Ghallughara* bekannt ist. Jahrzehnte später, als die Briten versuchten, ihren Einfluss weiter in den Subkontinent auszudehnen, planten sie die Annexion der Provinz Punjab. Bhai Maharaj Singh wurde daraufhin zu einem Anführer des Widerstands, reiste durch die Provinz und rekrutierte Freiheitskämpfer für seine Sache. Der Bhai (oder *Bruder*) führte bis zu seiner Verhaftung 1849 häufig guerillaähnliche Angriffe auf britische Stellungen durch. Nach Bhais Inhaftierung befürchteten die Briten weitere Unruhen, da er für die Punjabis zunehmend zu einem Märtyrer wurde. 1850 beschlossen sie daher, Bhai und seinen Schüler, der ebenfalls inhaftiert worden war, nach Singapur, einem anderen Teil des britischen Empire zu bringen. Im *Pearl's-Hill-Gefängnis* verlor Bhai Maharaj Singh zunehmend sein Augenlicht, erkrankte an Krebs und verstarb 1856. Der Schüler, der mit ihm dorthin gebracht worden war, ließ seine sterblichen Überreste außerhalb des Gefängnisses einäschern und wurde später in ein anderes Gefängnis in Penang überführt, wo er ebenfalls verstarb. Bhai wurde auf dem Gelände des *Singapore General Hospital* beigesetzt, doch nachdem sein Grabstein zu einem Gedenkschrein wurde, beschloss man 1966, ihn in den *Gurdwara* (Sikh-Tempel) an der Silat Road zu verlegen. 2010 wurde eine neuere Gedenkstätte für Bhai Maharaj Singh im *Gurdwara* errichtet und sein Schrein zieht unvermindert Gläubige an.

TANAH KUBUR DIRAJA

13

Königlicher Friedhof in einem Sozialwohnungskomplex

Bukit Purmei, nahe Block 102
MRT: Harbourfront

Auf einer kleinen, mit Laub bedeckten Anhöhe an der Kampong Bahru Road, am Rande eines Sozialwohnungskomplexes des *Housing and Development Board (HDB)*, befindet sich die malaiische Begräbnisstätte *Tanah Kubur Diraja* („Königlicher Friedhof").

Die auch als *Keramat Bukit Kasita* bekannte Anlage ist von einer alten dicken Backsteinmauer umgeben und liegt versteckt hinter der Holzhütte der Wächterin und einer Reihe von Hütten mit Zinkdächern.

Wenn man sie fragt, lädt die gesprächige Friedhofswächterin Umi die Besucher ein, sich umzuschauen. Sie erklärt, dass die Gräber dem Riau-Lingga-Zweig der königlichen Familie von Johor gehören und dass das älteste Grab 1721 entstand – also fast ein ganzes Jahrhundert vor der Ankunft der Briten.

Wann der Friedhof erstmals genutzt wurde, ist ungewiss. In einigen Berichten wird er auf das 16. Jahrhundert datiert und mit den Nachkommen und Nachfolgern des legendären Gründers von Singapur, Sang Nila Utama, in Verbindung gebracht. Anderen Einschätzungen zufolge stammt er spätestens aus dem frühen bis mittleren 19. Jahrhundert. Umi ist der Meinung, der Friedhof gehöre der königlichen Familie von Johor, doch eine Überprüfung der Katasterpläne der *Singapur Land Authority* zeigen, dass er auf einem Grundstück des *HDB* liegt. Es ist möglich, dass das ganze Gelände selbst immer noch dem Staat Johor gehört.

Einige der königlichen Grabsteine sind gelb oder grün gestrichen, einige andere mit gelbem Stoff bedeckt (Gelb ist die königliche Farbe und Grün die Farbe des Islam). Vier von ihnen sind reich verziert und unter einer Plane verborgen, die von Metallrahmen gestützt wird. Einer dieser Grabsteine soll der von Sultan Iskandar Shah sein, einem Vorfahren von Sultan Mahmud III, dem letzten Sultan des Johor-Riau-Lingga-Reichs.

SINGAPORE GENERAL HOSPITAL MUSEUM ⑭

Faszinierende Sammlung medizinischer Gebrauchsgegenstände

Bowyer Block – Singapore General Hospital
Third Hospital Avenue
Mo–Fr 9-18 Uhr, Sa 9–13 Uhr
MRT: Outram Park

Die alten medizinischen Geräte im unterschätzten *Singapore General Hospital Museum* sind ein faszinierendes Abenteuer für jeden, der sich zum Makabren hingezogen fühlt – von einer medizinischen Säge aus der Zeit um 1900, die für Amputationen verwendet wurde, bis hin zu Arsenfläschchen, die einst als Medizin verteilt wurden – präsentiert diese winzige Galerie, versteckt in einer Ecke des weitläufigen Komplexes des *Singapore General Hospital (SGH)*, eine faszinierende Sammlung medizinischer Artefakte, die die Besucher garantiert darüber nachdenken lässt, wie unsere Vorfahren die Gesundheitsversorgung von damals empfunden haben mögen. Es gibt einen Röntgentisch aus den 1930er-Jahren sowie Stethoskope der alten Schule, darunter ein hölzernes monoaurales Stethoskop, Urinale und Urintestkits, chirurgische Instrumente sowie Geräte zur Geburtshilfe und Gynäkologie. Besucher können sich zudem Morphiumflaschen und Injektionsspritzen, eine Blutinfusionspumpe sowie eine alte Hebammentasche und -ausrüstung ansehen. Fairerweise muss man sagen, dass die Ausstellungsstücke auch die Großtaten früherer medizinischer Fachkräfte und Innovatoren würdigen, sowie Singapurs Vorreiter der Medizin und einige der historischen Pioniere des Krankenhauses feiern, darunter den ersten südostasiatischen Arzt, nach dem eine Krankheit benannt wurde.

Das Tay-Syndrom wurde 1970 von Dr. Tay Chong Hai entdeckt und ist eine seltene autosomal-rezessiv vererbte Krankheit (wenn Cousin und Cousine ersten Grades heiraten), die durch brüchiges Haar, schuppige rote Haut, vorzeitig alternde Gesichter und Körper sowie geistige Anomalien gekennzeichnet ist und manchmal auch zum Tod führt.

Das Museum befindet sich im 1926 erbauten Bowyer-Block – der einzige noch erhaltene Trakt aus der Vorkriegszeit. Nach dem Krieg, als die Japaner in Singapur einmarschierten, wurde er nach Dr. John H. Bowyer umbenannt, dem Chefarzt des *SGH*. Er rüstete die örtlichen Krankenhäuser für Kriegsbedingungen um und war als ziviler Amtsarzt im *Changi-Gefängnis* tätig. Tragischerweise folterten ihn die Japaner zu Tode, nachdem sie entdeckt hatten, dass er heimlich Lebensmittel an Bedürftige außerhalb des Gefängnisses verteilte. 2009 wurde das Gebäude zu einem Nationaldenkmal erklärt.

DIE GEHEIMNISSE DES „HOME“-WANDBILDS

(15)

Gemalte Hinweise auf Yip Yew Chongs Leben

Tiong Bahru – Tiong Poh Rd/Ed Chin St Block 74

Yip Yew Chong ist Singapurs produktivster Wandmaler, der immer mehr Fassaden mit seinen nostalgischen Wohlfühlgemälden verschönert.

Sein Wandbild *Home*, das er 2016 in Tiong Bahru malte, zeigt ein klassisches *Housing Development Board-Wohnzimmer* des Singapurs der 1970er-Jahren, mit vergitterten Fenstern und Möbeln aus dieser Zeit. Neben einem Telefon, einer Flasche Axe-Öl und einer Thermoskanne mit Kaffee oder Tee sitzt ein Mann auf einem Stuhl und liest Zeitung. Wenn man sich die Zeitung genauer ansieht, entdeckt man, dass Yew Chong den ehemaligen Premierminister Lee Kuan Yew in einem Artikel über die *Speak Mandarin Campaign (Sprecht-Mandarin-Kampagne)*, die 1979 in Singapur für Aufsehen sorgte, hineingemalt hat. Er fügte auch einen Artikel über Lee Kuan Yews gute Freundin Margaret Thatcher, die ehemalige Premierministerin des Vereinigten Königreichs, hinzu.

Durch seine Kunst vermittelt Yew Chong auf heitere Art und Weise

Einblicke in sein Leben und das des einstigen Singapurs. Er betont, es gäbe keine subversiven Untertöne – was man sieht, ist alles. Die Details, die er in das Wandbild *Home* in Tiong Bahru hineingemalt hat, sind vom Haus seines Onkels in Tiong Bahru inspiriert.

Die Wandmalerei *My Chinatown Home* in der Smith Street 30, ist eine Nachbildung des Hauses in der Sago Lane in Chinatown, in dem Yew Chong seine Kindheit verbracht hat. Weitere Elemente von Yew Chongs Familiengeschichte sind in seinem Wandgemälde an der hinteren Außenwand des *Thian-Hock-Keng-Tempels* aus dem 19. Jahrhundert in der Telok Ayer Street 158 zu sehen. Das riesige Gemälde zeigt eine Mischung aus modernem und altem Singapur, mit Wolkenkratzern und Bumbooten aus alten Zeiten als Kulisse. Viele bemerken nicht, dass in der linken unteren Ecke ein Mädchen und ein alter Mann gemalt sind. Yew Chong sagt, das Mädchen sei seine Frau im Alter von sieben Jahren, dem Jahr, in dem ihr Vater starb, und der Mann sei ihr Vater, wie er heute aussehen würde, wenn er noch am Leben wäre. Kenner von Yew Chong werden auch nach der Zahl Zwölf suchen, die in seinen Wandbildern oft auf wie echt erscheinenden Wandkalendern auftaucht. Es ist das Geburtsdatum des Künstlers, der 12. Januar.

ZIVILER LUFTSCHUTZBUNKER AUS DER VORKRIEGSZEIT ⑯

Vergessener Bunker unter einem Sozialwohnungskomplex

Sozialwohnungskomplex
Block 78, 41–43 Guan Chuan Street
Verschiedene Organisationen wie das National Heritage Board und lizenzierte Reiseveranstalter wie Jane's Singapore Tours veranstalten gelegentlich Führungen durch den Luftschutzbunker
MRT: Tiong Bahru

Dieser Bunker aus der Zeit des Zweiten Weltkriegs unter der Moh-Guan-Terrasse von Block 78, der einst die Zivilbevölkerung Singapurs vor japanischen Luftangriffen schützte, war der erste, der unter einem Sozialwohnungskomplex gebaut wurde. Anders als die meisten Bunker ist dieser nicht tief in die Erde gegraben. Durch eine Tür, die man vom Außenparkplatz von Block 78 aus betritt, gelangt man in einen Raum, der sich über eine Fläche von 1500 Quadratmetern erstreckt und Platz für etwa 1600 Menschen bietet. Im Lichtstrahl der Taschenlampe kann man erkennen, wie Backsteinmauern den Raum in Schlafsäle unterteilen. Einige der roten Ziegel tragen die Aufschrift „*Alexandra Brickworks Company*“, ein örtlicher Ziegelhersteller, der damals mit seinen Backsteinen für den Bau privater Luftschutzbunker warb. Mitte der 1930er-Jahre hatte man in Singapur noch nichts von der Gefahr eines Krieges gehört, doch wurden 1936 und 1937 in Bukit Tunggal bei Novena vorsichtshalber schon ein paar Bunker eingerichtet – die einzigen, die die Regierung bauen wollte. Als jedoch zwei Jahre später der Krieg in Europa ausbrach, wurden diese Pläne fallen gelassen. Die Bewohner Singapurs verlangten Luftschutzbunker. Doch war dies in Singapur, das auf Meereshöhe mit einem hohen Grundwasserstand liegt, nur schwer und kostspielig zu erfüllen. Doch 1939 lenkte die Regierung ein, und der *Singapur Improvement Trust (SIT)*, der später durch das heutige *Housing and Development Board (HDB)* ersetzt wurde, kündigte ein neues Wohnungsbauprogramm in Tiong Bahru an, das einen unterirdischen Raum für einen Luftschutzbunker vorsah. Dieser sollte unter Block 78 entstehen, dem größten der drei Gebäude, die wegen ihrer einzigartigen U-Anordnung den „Hufeisenblock“ bildeten. Hundert Bewohner des Viertels suchten vor der Kapitulation Singapurs vor den Japanern dort Schutz – und am 22. Januar 1942 wurde hier kurz nach Mitternacht sogar ein Baby geboren.

Nicht wirklich Art Déco

Tiong Bahru ist bekannt für schöne Hipster-Läden und -Cafés, altmodische Coffeeshops und die unverwechselbare Architektur seiner Gebäude. Aber das hat beileibe nichts mit Art Déco zu tun, sondern es handelt sich eher um den Stil der Streamline-Moderne, einen späteren Zweig des Art Déco, bei dem die aufwendigen Verzierungen weggelassen wurden, und der inspiriert war von der Schlichtheit und Funktionalität des Maschinenzeitalters. Die Sozialwohnungsblocks von Tiong Bahru weisen stromlinienartige Formen sowie Bullaugenfenster auf, wie sie für Flugzeuge und Ozeandampfer im goldenen Zeitalter des Verkehrs charakteristisch waren.

DER TAN-TOCK-SENG-GRABSTEIN ⑰

Tan Tock Seng – Singapurs Philanthropie-Pionier

Outram Road, gegenüber der Shell-Tankstelle – MRT: Outram Park

In der Nähe des Stadtzentrums liegt auf einem überwucherten Hügel das vergessene Grab des legendären Menschenfreundes Tan Tock Seng (1798–1850). Die Straße zu seinem Grab führte früher zur bekannten Chinesischen Industrie- und Handelsschule (besser bekannt als *Kong-Shan-Schule*). Tan Tock Sengs Urenkel, Tan Kwee Wah (1880–1927), verkaufte einen Teil der Familiengrabstätte für die Hälfte des Preises an die Schule, um Tan Tock Sengs philanthropischen Wünschen

nachzukommen. Die Schule wurde 1988 abgerissen, und der Dschungel breitete sich aus und begrub die Gräber von Tan Tock Seng und einigen Familienmitgliedern fast unter seiner tropischen Vegetation.

Als Tan Tock Seng starb, setzte man ihn vermutlich zuerst auf einem Friedhof in der Pasir Panjang Road bei. Das Grundstück, auf dem sich heute sein Grab befindet, wurde 1877 von seinem Sohn Tan Kim Ching (1829–1892) als Familiengrabstätte erworben. Der jüngere Tan bestattete dort seine Frau Chua Seah Neo im Jahr 1882. Wahrscheinlich wurde zu diesem Zeitpunkt beschlossen, die Überreste von Tan Tock Seng zu exhumieren und in der Familiengrabstätte beizusetzen.

Vom Obsthändler zum Krankenhaus-Financier

Tan Tock Seng wurde in Malakka geboren und zog 1819 nach Singapur, als die Briten hier einen Handelsposten einrichteten. Im Alter von nur 21 Jahren begann er mit dem Verkauf von Obst, Gemüse und Geflügel und hatte bald genug Geld zusammen, um sich am Boat Quay niederzulassen. Er lernte Englisch und verstand sich gut mit den europäischen Händlern, sodass er eine Partnerschaft mit John Horrocks Whitehead einging. Vor allem ihren gemeinsamen Grundstücksspekulationen ist es zu verdanken, dass Tan zu großem Reichtum gelangte. Seine engen Beziehungen zur lokalen Gemeinde machten ihn zu einer Führungspersönlichkeit, und sein Taktgefühl und seine Fähigkeit, Streitigkeiten unter den Chinesen zu schlichten, machten ihn wiederum bei den Briten beliebt, die ihn zum ersten asiatischen Friedensrichter ernannten. 1844 steuerte Tan 7000 US-Dollar für den Bau eines Armenkrankenhauses auf dem Pearl's Hill bei. Der Bau des Krankenhauses dauerte drei Jahre, doch nach seiner Fertigstellung stand es noch weitere zwei Jahre leer, weil die Mittel für die Ausstattung und die Einstellung von Personal fehlten. 1849 wurden schließlich die ersten Patienten aufgenommen, und zwölf Jahre später zog das Krankenhaus in ein Gebäude an der Kreuzung der Serangoon Road und Balestier Road um. Im Jahr 1903 wurde der heutige Standort des Krankenhauses an der Moulmein Road erworben, und das Krankenhaus zog abermals um.

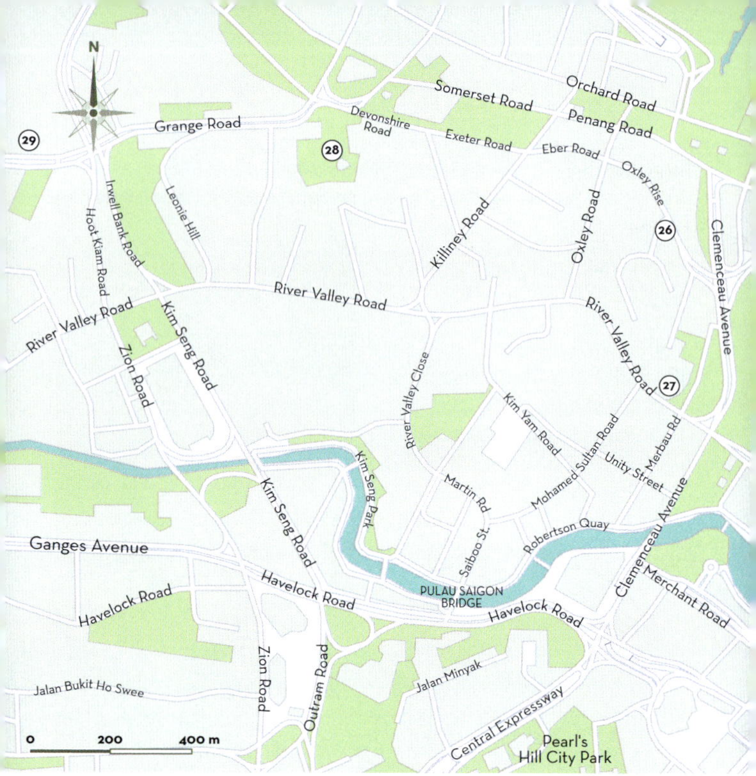

Fort Canning und der Civic District

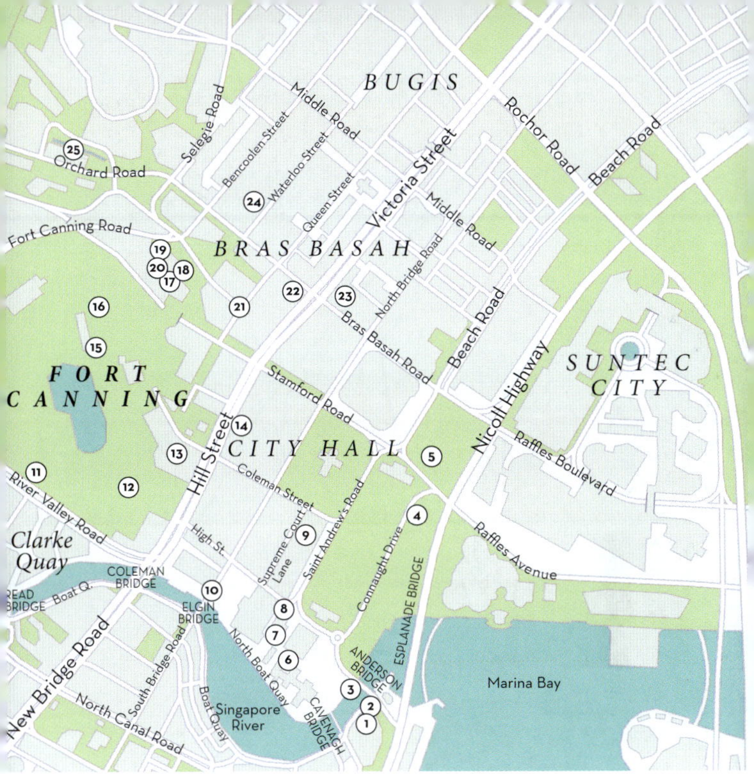
BUGIS
BRAS BASAH
FORT CANNING
CITY HALL
SUNTEC CITY
Clarke Quay
Marina Bay
Singapore River
Orchard Road
Fort Canning Road
Selegie Road
Bencoolen Street
Waterloo Street
Middle Road
Queen Street
Victoria Street
Rochor Road
Beach Road
North Bridge Road
Bras Basah Road
Stamford Road
Nicoll Highway
Raffles Boulevard
Raffles Avenue
Hill Street
Coleman Street
High St.
Supreme Court Lane
Saint Andrew's Road
Connaught Drive
ESPLANADE BRIDGE
ANDERSON BRIDGE
CAVENAGH BRIDGE
North Boat Quay
Boat Quay
ELGIN BRIDGE
COLEMAN BRIDGE
Boat Q.
South Bridge Road
New Bridge Road
North Canal Road
River Valley Road

FULLERTON HOTEL HERITAGE GALLERY ①

Ein unscheinbares Museum in einem großen Hotel

Fullerton Hotel
1 Fullerton Square
Tgl. von 10–22 Uhr
MRT: Raffles Place

Vor dem Hintergrund der größeren Geschichtsmuseen und der Ausstellungen zum Kulturerbe Singapurs in den umliegenden Gebäuden ist die *Heritage Gallery* in der großen und beeindruckenden Lobby des *Fullerton Hotels* leicht zu übersehen. Wer die *Heritage Gallery* jedoch besucht, merkt schnell, welche Schatztruhe mit Artefakten über das *Fullerton Building* und die Umgebung sich hier auftut.

Man kann sich von den Bildern des frühen Hafenviertels inspirieren lassen, kann mehr über die wirtschaftlichen und politischen Veränderungen, die hier stattgefunden haben, erfahren und in Nostalgie über das ehemalige General Post Office mit seinem roten Briefkasten auf Stelzen aus der Kolonialzeit schwelgen.

Als das *Fullerton Building* 1928 fertiggestellt wurde, belegte das *General Post Office* die ersten drei der sechs Stockwerke. Ein Großteil des restlichen Gebäudes wurde vom exklusiven europäischen *Singapur-Club* genutzt, der ausschließlich Männern vorbehalten war – ein elitärer Ort des Luxus mit einer 90 Metern langen Bar. Die Lage des Gebäudes an der Mündung des Singapore River war ideal für den Empfang und Versand von Post und Paketen zwischen den Schiffen im Hafen. Es gab sogar einen Tunnel unter der Fullerton Road, der einen direkten, wetterunabhängigen Zugang zum Pier bot.

In den oberen Stockwerken waren das Finanzministerium, das Handelsministerium, das Amt für wirtschaftliche Entwicklung, die Währungsbehörde von Singapur und die Steuerbehörde untergebracht, und so manche politische Kundgebung fand auf dem Fullerton Square vor der Kulisse des Fullerton Building statt.

Im Jahr 2016 wurde die *Heritage Gallery* eröffnet, die die Geschichte des Gebäudes und der Umgebung würdigt.

> In den Jahren, in denen dieser Platz als Hauptpostamt diente, war er Singapurs „Mile Zero" – der buchstäbliche Mittelpunkt Singapurs, von dem aus traditionell alle Entfernungen gemessen und alle Adressen ausgerichtet wurden.

DER STEIN DER FRÜHEN GRÜNDER ②

Der Stein, der selbst zum Denkmal wurde

Vor dem Fullerton Hotel am Singapore River – MRT: Raffles Place

In einer unauffälligen Ecke am Singapore River im Schatten des *Fullerton Hotels*, steht der sogenannte Stein der frühen Gründer, ein schlichtes und unscheinbares Denkmal für die namenlosen Einwanderer, die mit ihrem Wagemut und ihrer Anstrengung das Fundament für das moderne Singapur legten.

Der Steinblock besteht aus grauem Granit, dem Material, aus dem die Gebäude in den Anfängen des modernen Singapurs gebaut wurden, und ruht auf fast plumpe Weise auf einem roten Ziegelsockel. Mit seiner Höhe von nur 30 Zentimetern und einer Breite und Tiefe von je 50 Zentimetern wirkt das Denkmal eher bescheiden, vor allem in einer Umgebung, die von Denkmälern viel größeren Formats dominiert wird.

Doch bei näherer Betrachtung wird deutlich, warum, denn auf jeder der vier Seiten des Steins sind Worte eingemeißelt, die eine Erklärung dafür liefern. Sie sind in den vier Amtssprachen Singapurs verfasst und verraten, dass der Stein nicht das eigentliche Denkmal ist, sondern lediglich ein Vorgänger des Denkmals, das er vorgibt zu sein. Übersetzt aus dem Englischen lauten die Worte: DER GRUNDSTEIN FÜR DAS DENKMAL ZU EHREN DER FRÜHEN GRÜNDER VON SINGAPUR WURDE AM 18. JANUAR 1970 VOM PRÄSIDENTEN DER REPUBLIK SINGAPUR GELEGT.

Die Idee für das Denkmal stammte von der Alumni International Singapore, einem Zusammenschluss von Absolventenvereinigungen aus elf Ländern, die für den Bau des Denkmals rund 200.000 US-Dollar aufbringen wollten. Die Grundsteinlegung fiel in die Zeit, in der der 150. Jahrestag der Gründung des modernen Singapurs gefeiert wurde, und sollte zusätzlich die Bedeutung des geplanten Denkmals unterstreichen.

Der erste Präsident Singapurs, Yusof Ishak, wurde zur Grundsteinlegung eingeladen. Als vorläufiger Standort wählte man die Fullerton Road am Wasser, ein Ort, der sehr stark mit der Ankunft von Einwanderern in Verbindung gebracht wird. Doch trotz aller Bemühungen konnten nicht genügend Mittel für das Denkmal aufgebracht werden. Dies, und die Tatsache, dass kein geeigneter Entwurf vorlag, trugen dazu bei, dass die Pläne für das Denkmal 1985 aufgegeben wurden und der Stein, der als Fundament dienen sollte, selbst zum Denkmal wurde. Seitdem hat er zwei Umzüge hinter sich: den ersten 1994, als er für den Bau der *Esplanade-Brücke* an einen vorübergehenden Standort im Nationalarchiv in Canning Rise gebracht wurde, und den zweiten 2010, als er wieder in die Fullerton Road zurückkam und auf der anderen Straßenseite des ursprünglichen Standorts aufgestellt wurde.

DIE GEDENKTAFEL AN DER *ANDERSON-BRÜCKE*

③

Ein Stück Ägypten an der Anderson-Brücke

Fullerton Road

Mit Blick auf das Victoria Theatre und die *Victoria Memorial Hall*, ist zwischen den beiden Straßen entlang der Anderson Bridge – eine für Fußgänger, die andere für Fahrzeuge – an einem Pfeiler eine Tafel angebracht, die über die Errichtung und den Bau der Brücke im Jahr 1909 informiert und die Namen aller am Bau Beteiligten aufführt. Weiter heißt es dort: „Dieser Stein aus Assuan, Ägypten, wurde von Sir John Aird im Namen der *Westminster Construction Co. Ltd.* übergeben.“ Sir John Aird, der an der Errichtung der Stützpfeiler für die Brücke beteiligt war, war in der Tat auch der Generalunternehmer beim Bau des Assuan-Staudamms in Ägypten zwischen 1899 und 1902 (heute als Assuan-Staumauer oder Alter Assuan-Damm bekannt). Die *Anderson-Brücke* wurde gebaut, um die Kapazität der *Cavenagh-Brücke* zu erhöhen, einer kürzeren Brücke, die nur eine Minute Fußweg entfernt parallel zur Anderson-Brücke steht. Die 1869 errichtete Cavenagh-Brücke ist die älteste noch erhaltene Brücke in Singapur, war jedoch in den späten 1880er-Jahren durch den Fahrzeugverkehr (einschließlich Rikschas und Ochsenkarren) erheblich überlastet. Die *Anderson-Brücke* wurde 1910 eröffnet und nach Sir John Anderson benannt, dem Gouverneur der *Straits Settlements* und Hochkommissar der Föderierten Malaiischen Staaten. Während seiner Amtszeit trug er dazu bei, die Hafenindustrie Singapurs aufzubauen, das Währungssystem Singapurs zu regulieren und die sanitären Verhältnisse zu verbessern, indem er sich für die Schaffung von öffentlichen Seitenstraßen in der Stadt einsetzte.

Eine weitere prominente Persönlichkeit, die am Bau der Brücke beteiligt war, war Robert Peirce, Chefingenieur der Gemeinden Penang und Singapur. Er trug mit dem Bau von Stauseen und Kanälen zur Infrastruktur Singapurs bei – die beiden Stauseen *Upper* und *Lower* Peirce im Zentrum von Singapur sind nach ihm benannt.

Grausige Funde unter der Anderson-Brücke

Die *Anderson-Brücke* ist allerdings auch mit einigen grausigen Funden in Verbindung gebracht worden, darunter Leichen, die im Wasser unter der Brücke trieben. Ein besonders mysteriöser Fall wurde in den 1980er-Jahren bei Wartungsarbeiten aufgedeckt, als man menschliche Skelettreste in einem Schacht zwischen den Stahlträgern am Ende der Brücke in der Nähe des *Fullerton Hotels* fand. Neben dem Skelett wurden Ausweispapiere und persönliche Gegenstände gefunden, und Pathologen stellten fest, dass die Überreste zu einem Mann gehörten, der vor 20 bis 25 Jahren gestorben war. Sein Tod (und wie er in den Schacht gelangte) ist bis heute ein Rätsel.

DER TAN-KIM-SENG-BRUNNEN ④

Errichtet aus Scham und Reue zum Gedenken an Tan Kim Sengs Bemühungen für das erste öffentliche Wasserwerk in Singapur

Ecke Esplanade Park, gegenüber Singapore Recreation Club
MRT: City Hall

Der *Tan-Kim-Seng-Brunnen* steht zwar mitten im Nirgendwo auf einer Wiese am Connaught Drive, nur wenige Schritte vom Padang entfernt, ist aber zweifelsohne eine Sehenswürdigkeit. Schwer vorstellbar, dass diese Erinnerung an Tan Kim Seng (1805–1864), den Händler, Immobilienmagnaten und Philanthropen, aus Scham und Reue entstand. Tan wurde in Malakka geboren und auf Englisch, Niederländisch und Chinesisch unterrichtet. In den 1820er-Jahren kam er mit etwas Kapital nach Singapur und gründete die *Kim Seng & Company*. In den folgenden zwei Jahrzehnten häufte er ein riesiges Vermögen an und wurde zu einem angesehenen Wortführer für chinesische Belange. Im Jahr 1850 wurde er zum Friedensrichter ernannt und 1857 das erste asiatische Mitglied der Stadtverwaltung. Im selben Jahr beschloss Tan nach einer schweren Dürre, 13.000 Singapur-Dollar für den Bau eines Stausees zu spenden, der die Einwohner von Singapur mit Trinkwasser versorgen sollte. Leider wurde mit dem vielen Geld nur wenig erreicht, und später verschwendete der Kolonial-Ingenieur das Geld, indem er versuchte, das Wasser durch Rohre bergauf fließen zu lassen. Der Stausee, heute bekannt als *MacRitchie Reservoir*, wurde zwar 1868 fertiggestellt, aber die Pumpen und das Rohrleitungsnetz funktionierten erst 1877. Zu diesem Zeitpunkt war Tan schon lange tot – er war 1864 in Malakka ums Leben gekommen. Im Mai 1880 boten die Gemeinderäte Tan Kim Sengs Sohn, Tan Beng Swee, aus Verlegenheit aber auch aus Dankbarkeit an, einen Brunnen zu errichten, um die großzügige Wohltätigkeit seines Vaters zu ehren. Mit der Hilfe von William Henry Read, einem alten Bewohner Singapurs und Legislativrat, der in London im Ruhestand lebte, wurde die Gießerei *Andrew Handyside & Co* mit dem Bau des Brunnens beauftragt, der schließlich am 19. Mai 1882 auf dem Fullerton Square aufgestellt wurde, wo er bis 1929 verblieb. Danach wurde er an seinen jetzigen Standort versetzt, der hinter Bäumen und parkenden Touristenbussen versteckt ist und nur von wenigen Passanten bemerkt wird.

1935 gab es den Vorschlag, den Brunnen „an einen respektableren Platz“ gegenüber dem Clifford Pier zu verlegen, aber daraus wurde nichts. 1994 wurde der Brunnen für 1,12 Millionen Singapur-Dollar umfassend restauriert und am 28. Dezember 2010 schließlich zum Nationaldenkmal erklärt.

ÜBERRESTE DER *STAMFORD-BRÜCKE*

⑤

Die letzten Reste einer der vielen Brücken am Stamford-Kanal Stamford Canal

War Memorial Park – Near Esplanade Drive

Am *War Memorial Park*, in der Nähe des Eingangs zur Unterführung zum Esplanade Park, stehen zwei kleine Steinkonstruktionen, jede nur etwa einen Meter hoch. Diese einsamen Steinmauerfragmente, die sich auf dem Fußweg gegenüberstehen, tragen jeweils Metallplatten. Auf einer steht „1956 Stamford Bridge“ und auf der anderen ist das Stadtwappen von Singapur zu sehen, mit den darunter eingravierten Worten *Majulah Singapura* (*Vorwärts Singapur* – heute der Titel der Nationalhymne Singapurs).

Die beiden Anker und Flügel im Wappen stehen für die Rolle Singapurs als Seehafen (seit 1819) und als Luftfahrtknotenpunkt (seit der Eröffnung des Flughafens Kallang im Jahr 1937, der von Amelia Earhart als „Luftfahrtwunder des Ostens“ bezeichnet wurde). Dieses Wappen ähnelt dem Wappen, das im *Mount Emily Park* zu finden ist. Diese beiden Steinkonstruktionen sind die einzigen Überreste der Stamford-Brücke, die 1956 über den *Stamford-Kanal* gebaut wurde. Der *Stamford-Kanal* war einst ein Süßwasserfluss entlang der Stamford Road, die nach Sir Thomas Stamford Raffles benannt wurde. Diese Straße war auch als *lau chui khe* (*Straße des fließenden Wassers* auf Hokkien) bekannt, da der Kanal bei Flut überlief und die Stamford Road überflutete. Außer der *Stamford-Bridge* führten weitere Brücken über den *Stamford-Kanal*. Dazu gehörten die *Polglase Bridge* (benannt nach John Polglase, dem Sekretär der Stadtverwaltung), die *Institution Bridge* (benannt nach der *Raffles Institution*, die sich dort befand, wo heute die *Raffles City* steht) und die *Malcolm Bridge* (benannt nach Generalmajor Sir Neil Malcolm, dem Befehlshaber der Truppen in Malaya). Der *Stamford-Kanal* wurde im Laufe der Jahre erweitert und in den 1980er-Jahren kanalisiert, sodass er heute unter überbautem Gelände entlang der Stamford Road verläuft.

Alle Brücken über den Kanal sind inzwischen abgerissen worden. Übrig blieben nur diese beiden kleinen Bauwerke, die die letzten Zeugen der vielen Brücken entlang des Kanals sind.

DER FUSS AN DER STATUE VON SIR STAMFORD RAFFLES

⑥

Mit einem Fuß in Malaya

Empress Place
MRT: Raffles Place

Vor dem *Victoria Theatre* und der *Concert Hall* (ehemals Victoria Memorial Hall) am Empress Place auf dem linken Ufer des Singapore River, dem Ort einiger der frühesten Siedlungen Singapurs, steht an prominenter Stelle eine Statue, die zum Gedenken an Sir Stamford Raffles, den Gründer des modernen Singapur, errichtet wurde.

Von seinem erhabenen Platz auf einem hohen Sockel scheint Sir Raffles mit verschränkten Armen den beeindruckenden Anblick der modernen, von Wolkenkratzern dominierten Metropole zu genießen, zu der sich sein einstiger Handelsposten entwickelt hat. Während viele Details der schwarz gewordenen Bronzestatue gut sichtbar sind, ist ein wichtiges Detail nicht zu erkennen: Raffles wurde mit einem Fuß in Malaya dargestellt. Eine Landkarte des Gebiets am Sockel der Statue symbolisiert, dass Raffles seinen Fuß auf Britisch-Malaya gesetzt hat.

Die 2,4 Meter hohe Statue ist das Werk des englischen Bildhauers und Dichters Thomas Woolner, einem der sieben Gründungsmitglieder der Bruderschaft der Präraffaeliten. Ursprünglich stand die Statue in der Mitte des Padang – einem großen Spielfeld, das sich damals noch am Meer befand – wo sie anlässlich des Goldenen Jubiläums der Herrschaft von Königin Victoria am 27. Juni 1887 enthüllt wurde.

Ihre unwürdige Position – sie wurde allzu oft von Zuschauern als Sitzplatz genutzt und zudem häufig von Fußbällen getroffen – war der Grund für die Verlegung an ihren heutigen Standort, wo das britische Erbe in Singapur in Form von Denkmälern und städtischen Gebäuden am deutlichsten sichtbar ist.

Anlässlich der Hundertjahrfeier der Gründung Singapurs wurde im Februar 1919 ein halbkreisförmiger Säulengang um die Rückseite der Statue gebaut, ein Marmorbrunnen davor errichtet, und eine Gedenktafel sowie ein Bronzeschild mit dem Wappen von Sir Raffles und dem Motto des Ritters auf dem Sockel angebracht.

Während der japanischen Besatzung verlor das Standbild von Sir Raffles vorübergehend seinen Platz. Die Statue wurde von den Japanern abtransportiert und im Raffles-Museum (heute das Nationalmuseum von Singapur) aufbewahrt. Während der britischen Wiederbesetzung Singapurs im Jahr 1946 wurde sie restauriert, doch zu diesem Zeitpunkt war der Säulengang bereits verschwunden. Eine Nachbildung der Statue aus Mehrschichtmarmor wurde anlässlich des 150. Jahrestages der Gründung Singapurs nach einem Abguss von Woolners Statue angefertigt. Die weiße Nachbildung steht in der Nähe des Originals am Fluss, an der Stelle, an der Raffles vermutlich zum ersten Mal in Singapur angelandet ist.

TUDOR-ROSE

⑦

Dieser Stein war einst Teil des Westminster Palace in London

Old Parliament House/Arts House, *2. Stock*
MRT: City Hall

Hoch über der Treppe, die zum dritten Stock des Alten Parlamentsgebäudes führt, befindet sich an der Wand des ältesten Gebäudes Singapurs eine uralte Sandsteinarbeit, die eine Tudor-Rose darstellt. Dieser bescheidene 45 Zentimeter lange und 45 Zentimeter breite Stein wiegt ungefähr 114 Kilogramm und war einst ein Schlussstein im Gewölbe des Westminster Palace in London.

Am 15. Dezember 1955 überreichte der damalige Staatssekretär für die Kolonien, Sir Alan Lennox-Boyd, während des Besuchs des Ministerpräsidenten von Singapur, David Marshall, in London zur Erörterung der verfassungsmäßigen Zukunft Singapurs, bei einem Treffen mit dem Vorsitzenden und Sekretär des Parlamentarischen Verbands im Vereinigten Königreich David Marshall diese Tudor-Rose.

Der Stein war einst Teil des Westminster Palace gewesen und aus den Trümmern am *Victoria Tower* geborgen worden, als dieser im Mai 1941 bei einem deutschen Luftangriff bombardiert wurde. Bei der Übergabe erklärte Lennox-Boyd, der Stein sei „ein politisches Symbol für die enge und liebevolle Verständigung zwischen dem britischen und dem singapurischen Volk“. Darauf antwortete David Marshall: „Wir hoffen, dass er die neue Beziehung der Brüderlichkeit und Zusammenarbeit in der Demokratie symbolisieren wird, nach der wir heute streben und von der wir hoffen, dass sie morgen Wirklichkeit sein wird.“

Die Tudor-Rose wurde an Bord der *Benvenue* nach Singapur verschifft und traf dort am 5. Februar 1956 ein, konnte aber wegen sintflutartiger Regenfälle nicht entladen werden. Am folgenden Tag wurde sie im Lager des *Public Works Department* aufbewahrt, um zunächst die vom Parlamentarischen Verband im Vereinigten Königreich organisierte feierliche Übergabezeremonie vorzubereiten, bei der David Marshall sie dem Präsidenten der Legislativversammlung, Sir George Oehlers, überreichen sollte.

Diese Zeremonie, bei der die Tudor-Rose dauerhaft in das Parlamentsgebäude integriert werden sollte, fand nicht statt, und im August 1956 befand sich die Tudor-Rose immer noch im Lager des *Public Works Department*. Schließlich wurde sie – wie vom Parlamentarischen Verband im Vereinigten Königreich vorgeschlagen – in die Wand am Treppenabsatz zur Fremdengalerie eingebaut, wo sie bis heute ist.

Als das Parlament 1999 in sein neues Gebäude umzog, wurde der Plan, die Tudor-Rose zu entfernen und sie in den neuen Räumlichkeiten wieder aufzustellen, aus Sorge, sie zu beschädigen, fallengelassen.

THAI-ELEFANT AUS BRONZE ⑧

Geschenk eines siamesischen Königs

1 Old Parliament Lane
MRT: City Hall

Als König Chulalongkorn von Siam (1853–1910) am 15. März 1871 in Singapur eintraf, war er der erste siamesische Monarch, der ein anderes Land besuchte. Zur Erinnerung daran schenkte er Singapur die kleine bronzene Elefantenstatue, die heute auf einem hohen Sockel vor dem Alten Parlament steht. In der thailändischen Kultur ist der Elefant ein hochverehrtes Symbol für Stärke und Macht, und das Geschenk Chulalongkorns markierte den Beginn einer engen Beziehung zwischen den beiden Ländern, die bis heute andauert.

Ursprünglich stand der Elefant vor dem alten Rathaus (dem heutigen *Victoria Theatre*). 1919 wurde er an seinen jetzigen Standort versetzt, um Platz für Woolners Raffles-Bronzestatue zu schaffen, die von der Mitte Padangs an ihren jetzigen Platz am Empress Place versetzt wurde (s. Seite 58).

Anna und der König von Siam

Chulalongkorns Vater, König Mongkut (1804–1868), war ein gelehrter Mann, der wollte, dass seine 82 Kinder und 39 Ehefrauen eine moderne westliche, weltliche Erziehung erhielten. Er brauchte daher einen Lehrer, der nicht versuchen würde, aus seiner Familie Christen zu machen, und wandte sich an Tan Kim Ching, den siamesischen Konsul in Singapur, um eine Empfehlung zu erhalten. Tan war es, der dem König die Lehrerin Anna Leonowens (1831–1915) empfahl. Leonowens wurde in der Nähe von Mumbai (Indien) in einer anglo-indischen Familie geboren. Als ihr Mann 1859 plötzlich verstarb, zog sie mit ihren beiden kleinen Kindern nach Singapur. Um sich und ihre Kinder durchzubringen, erfand sich Leonowens neu, indem sie ihre eurasische Herkunft verbarg, um ihre Chancen auf Arbeit zu verbessern. Gebildet, weit gereist und sprachbegabt, begann sie zu unterrichten, und ehe sie sich versah, zog sie nach Bangkok, um die Nachkommen Mongkuts zu unterrichten, darunter auch den Kronprinzen Chulalongkorn. Leonowens verbrachte fünf Jahre am Hofe des siamesischen Königs. Ihre Memoiren lösten anschließend eine Kettenreaktion königlichen Ausmaßes aus und wurden zur Grundlage von Margaret Landons Buch *Anna und der König von Siam* aus dem Jahr 1944 sowie von Rodgers und Hammersteins Broadway-Hit *The King and I (Der König und ich)* aus dem Jahr 1951. Einige Historiker führen Chulalongkorns weitreichende politische Reformen und sein modernes Denken auf Anna Leonowens fortschrittliche Lehrinhalte zurück – eine Behauptung, die von den Thais heftig zurückgewiesen wird.

RATHAUSSAAL

⑨

Ein Ort der Vergnügungen und der Dramen

National Gallery Singapore
1 St. Andrew's Road
Führungen: tgl. 11 und 15 Uhr
MRT: City Hall

Eingebettet in den Bau der Nationalgalerie von Singapur und vor den Augen der Öffentlichkeit verborgen, befindet sich ein schöner zweistöckiger Raum – der sogenannte Rathaussaal. Als das Gebäude im April 1929 eröffnet wurde, beschrieb die *Straits Times* den Saal als „von edlen Proportionen“, mit polierter Teakholzvertäfelung und „massiven, 7,5 Meter hohen Säulen aus Sienesischem Marmor, die auf Bronzesockeln stehen und von Bronzekapitellen gekrönt sind“, illuminiert von „zwei großen Kronleuchtern“. Auch heute noch trifft diese Beschreibung auf den inzwischen als Veranstaltungsraum genutzten Saal zu. Das zwischen 1925 und 1929 errichtete Rathausgebäude (das später zusammen mit dem 1939 errichteten Obersten Gerichtshof zur Nationalgalerie wurde) beherbergte zunächst die Stadtverwaltung und war als städtisches Gebäude bekannt – der Saal war nur ein normaler Sitzungssaal. Als Singapur 1951 den Stadtstatus erhielt, wurde das Gebäude in Rathaus umbenannt und blieb bis 1988 das wichtigste Regierungsgebäude Singapurs, bis es dem Obersten Gerichtshof für zusätzliche Gerichtssäle überlassen wurde. Der Oberste Gerichtshof residierte in diesem Gebäude bis 2006, als er in ein neues Gebäude umzog. Die Arbeiten zur Restaurierung des alten Gebäudes des Obersten Gerichtshofs und des Rathauses begannen im Jahr 2011, und im Jahr 2015 wurde es als Nationalgalerie von Singapur wiedereröffnet.

Im Laufe der Jahre war der Saal Schauplatz vieler wichtiger historischer Ereignisse. In den späten 1950er-Jahren fanden dort turbulente Debatten des Stadtrats unter dem Vorsitz von Bürgermeister Ong Eng Guan statt und am 5. Juni 1959 legte Singapurs erstes selbstverwaltetes Kabinett unter der Leitung von Premierminister Lee Kuan Yew in diesem Saal seinen Treue- und Amtseid ab. Am 4. Dezember 1959 fand ebenfalls in diesem Saal die Amtseinführung von Singapurs Staatschef Yusof Ishak Saal statt. Am 14. Februar 1992 wurde das Gebäude zum Nationaldenkmal erklärt.

Hier kapitulierten die japanischen Streitkräfte am 12. September 1945 offiziell

Viele ältere Einwohner Singapurs kennen den Raum als „Saal der Kapitulation“, da hier am 12. September 1945 die Kapitulation der japanischen Streitkräfte stattfand, die das Ende der mehr als dreieinhalb Jahre dauernden brutalen Besatzung bedeutete. Im Jahr 2015 schloss sich dann der Kreis, als ebenfalls in diesem Saal die Feierlichkeiten zum 70. Jahrestag der Kapitulation Japans begangen wurden.

DIE LÖWEN AUF DER *ELGIN-BRÜCKE*

⑩

Wenig bekannte Skulpturen des italienischen Künstlers Cavaliere Rodolfo Nolli

Elgin Bridge – *Singapore River*
MRT: Raffles Place

Die *Elgin-Brücke* ist vielleicht die wichtigste Brücke Singapurs. Sie verbindet zwei Abschnitte einer seit langem bestehenden Durchgangsstraße, die den Verkehr zwischen dem Civic District und den Siedlungen auf der Nordseite des Flusses und der chinesischen Hauptsiedlung im Süden ermöglicht. Die drei Bögen ihres Überbaus verleihen der Brücke ein recht markantes Aussehen und auf dem Überbau befinden sich auch einige der weniger bekannten Skulpturen des berühmten italienischen Bildhauers Cavaliere Rodolfo Nolli. Bei den Werken handelt es sich um vier Bronzemedaillons und sechs verzierte Messinglampen. Die Medaillons, die an einer Kante mit Scharnieren versehen sind, dienen als Türen zu den Schaltkästen der Lampen und enthalten außerdem ein Relief, auf dem ein Löwe und eine Palme – das Wappen der ehemaligen Stadtverwaltung Singapurs – sowie eine seltene Signatur von Nolli zu sehen sind. Seit der Gründung des Landes wurde eine Reihe wichtiger Brücken über den Unterlauf des Singapore River gebaut, eine Wasserstraße, an der ein Großteil des frühen Reichtums Singapurs entstand. Die 1929 fertiggestellte *Elgin-Brücke* befindet sich an der Stelle der ersten Brücke über den Fluss – einer hölzernen Fußgängerbrücke aus dem Jahr 1819. Als der Verkehr zunahm, wurde die Fußgängerbrücke durch eine Abfolge mehrerer Brücken ersetzt. Die erste *Elgin-Brücke* wurde 1862 erbaut und nach Lord Elgin, dem 8. Earl of Elgin und damaligen Vizekönig von Indien, benannt.

Cavaliere Rodolfo Nolli

Der aus einer italienischen Bildhauer- und Steinmetzfamilie stammende Cavaliere Rodolfo Nolli kam 1921 nach einem achtjährigen Aufenthalt in Bangkok nach Singapur. In Bangkok arbeitete Nolli zusammen mit seinem Onkel an mehreren, von der königlichen Regierung in Auftrag gegebenen Projekten. Außerdem war er dort zwei Jahre lang als Kunstdozent tätig. Für seine Verdienste im Ausland wurde Nolli 1925 von der italienischen Krone zum Ritter geschlagen (daher der Titel Cavaliere oder Cav.). Nolli arbeitete den Großteil der 35 Jahre bis zu seiner Pensionierung im Jahr 1956 in Singapur sowie in Malaya und Brunei. Zu seinen bekanntesten Werken gehören die Skulpturen, die den Giebel des 1939 errichteten Obersten Gerichtshofs zieren, der heute Teil der Nationalgalerie Singapurs ist. Die riesigen Figuren, die insgesamt etwa vier Tonnen wiegen, stellen die Allegorie der Gerechtigkeit dar, wobei Justitia untypischerweise keine Augenbinde trägt. Sie gehörten zu einer Reihe von vorgegossenen Fassadenelementen, zu denen auch die granitähnlichen Hartbetonverkleidungen und die großen korinthischen Säulen zählen.

PHANTOM POOL

⑪

Ein Schwimmbad von 1959

Überreste des River-Valley-Schwimmbads - The Foothills, 70 River Valley Road
MRT: Clarke Quay

Jetzt sieht sie wie ein Fußballplatz aus, aber auf der Rasenfläche am Fuße des Fort Canning Hill entlang der River Valley Road befand sich einst ein Schwimmbad mit olympischen Dimensionen. Es war eines der ersten öffentlichen Schwimmbäder Singapurs und wurde 1959 auf dem Gelände des Parks von König Georg V. gebaut und vom britischen Architekten M. E. Crocker entworfen. Man kann noch die ursprünglichen Eingangstore, das Drehkreuz am Ausgang, die Mosaikbodenfliesen und die Beschilderung der Duschräume sehen. Die ehemaligen Umkleideräume dahinter sind als Veranstaltungs- und Ausstellungsräume erhalten geblieben. In seinen Anfangsjahren zog das *River-Valley-Schwimmbad* an heißen Nachmittagen viele Menschen an und war unter anderem wegen der waldreichen Umgebung auch ein beliebter Treffpunkt für Schwule. Doch wie andere Schwimmbäder in Singapur aus der Mitte des 20. Jahrhunderts büßte auch dieses in den 1970er-Jahren an Beliebtheit ein. Denn in den neuen Trabantenstädten, die überall im Land entstanden, wurden Schwimmanlagen gebaut, und immer mehr Menschen zogen in Häuser mit eigenen Pools, sodass die einst so gut besuchten öffentlichen Bäder immer stärker verwaisten. Infolgedessen wurden viele Schwimmbäder aufgegeben und geschlossen, zugeschüttet und zu Parkplätzen, Hunderennplätzen und Spielplätzen umfunktioniert.

Das Mount-Emily-Schwimmbad

Singapurs erstes öffentliches Schwimmbad, das 1931 in der Upper Wilkie Road eröffnet wurde, war das *Mount-Emily-Schwimmbad*. Das 50 Meter lange Süßwasserbecken mit olympischen Dimensionen war ein umgebauter, alter städtischer Wasserspeicher aus den 1870er-Jahren. Es konnte bis zu 300 Schwimmer aufnehmen, von Anfängern bis hin zu Wettkampfschwimmern, die alle eine Eintrittsgebühr von 10 bis 20 Cent bezahlten. Nach dem Zweiten Weltkrieg beschlagnahmte die britische Militärverwaltung das Schwimmbad und füllte es mit Meerwasser, um es den Soldaten zur Verfügung zu stellen. Später wurde es der Stadtverwaltung zurückgegeben, renoviert und schließlich wieder für die Öffentlichkeit zugänglich gemacht. Doch die rückläufige Nutzung führte zur Schließung und 1981 zum Abriss. Heute befindet sich auf dem Mount Emily ein großer, flacher, rechteckiger Park – der Fußabdruck von Singapurs beliebtem erstem Schwimmbad für alle. Das *Yan-Kit-Schwimmbad* in der Yan Kit Road in Tanjong Pagar wurde 1952 als zweites öffentliches Schwimmbad eröffnet. Es wurde in einer dicht besiedelten Gegend angelegt und florierte mehrere Jahrzehnte lang, doch 2001 wurde es wie viele andere aufgegeben und 2012 abgerissen. Die Umkleidekabinen im Art-Déco-Stil sind erhalten geblieben (s. rechts).

DER LEUCHTTURM VON FORT CANNING

⑫

Das erste Leuchtfeuer der Insel Singapur

Raffles Terrace, Fort Canning – MRT: Dhoby Ghaut

An der südlichen Ecke des Fort Canning Hill, auf einem Platz, der als *Raffles Terrace* bekannt ist, direkt unterhalb des *Raffles House*, steht ein seltsam aussehender „Leuchtturm". Dabei handelt es sich um eine Nachbildung des ursprünglichen Leuchtturms, der von 1902 bis 1958 als erster Leuchtturm der Insel Singapur genau hier stand. Als die Briten 1819 auf die Insel kamen, wurde die dichte Vegetation auf dem Gipfel des Fort Canning gerodet und ein großer Fahnenmast errichtet. Der Mast diente nicht nur als Symbol für die britische Besetzung der Insel, sondern auch als Signal für Schiffe im Hafen. Ab etwa 1855 kletterten Arbeiter auf den Mast und hängten eine neue Laterne an seine Spitze, da die aus Holz gefertigte Laterne im feuchten Tropenklima zu verrotten drohte – eine für die Arbeiter äußerst gefährliche Arbeit, denn sie mussten bis ganz nach oben klettern. Ende des 19. Jahrhunderts wurde beschlossen, auf Fort Canning einen richtigen Leuchtturm zu konstruieren. Der ursprüngliche Leuchtturm von Fort Canning, der von der Firma Riley, Hargreaves & Co. gebaut wurde, wurde am 27. Februar 1902 eingeweiht. Der als kegelförmige Struktur auf halb-skelettartigen Stahlpylonen konzipierteTurm war 24,3 Meter hoch. Seine Laterne wurde von einem Kerosinbrenner angetrieben, der alle 17 Sekunden 20.000 Kerzen mit einem einzigen weißen Lichtblitz erhellte, der 35,2 Kilometer weit zu sehen war. Bedient wurde er von einem einzelnen Leuchtturmwärter. Mit der zunehmenden Bebauung des Hafengebiets durch Hochhäuser geriet der Leuchtturm weitgehend in Vergessenheit. Im Jahr 1958 wurde beschlossen, einen neuen Leuchtturm auf dem Fullerton Building direkt an der Küste zu errichten (s. Seite 186). Der Leuchtturm von Fort Canning leuchtete zum letzten Mal in der Nacht des 12. Dezember 1958 und wurde später abgebaut. Im Jahr 2003 errichtete man an seiner Stelle eine kleine Nachbildung des Originals. Dies ist der einzige Leuchtturm, der abgebaut wurde und dann in gewisser Weise wiederauferstanden ist.

View of Fort Canning Hill from the Singapore River (1902-3). Notice the Time Ball, the Flagstaff and the Lighthouse in the background.

SAAL DER FREIMAURER

⑬

Gelegentlich sind Besuche möglich

23A Coleman Street
Eintritt nur mit Tourveranstaltern, wie z.B. Jane's Singapore Tours
MRT: City Hall

Entgegen der landläufigen Meinung ist die Hauptloge der Freimaurer in Singapur im stattlichen Saal der Freimaurer in der Coleman Street im Rahmen organisierter Führungen örtlicher Tourveranstalter für die Öffentlichkeit zugänglich. Die kleinen Besuchergruppen werden zunächst über die Symbole an der Außenseite des Gebäudes informiert. Da sich die Freimaurerei aus den mittelalterlichen Zünften der Steinmetze und Kirchen- und Kathedralenbauer entwickelt hat, finden sich an der Außenfassade Darstellungen ihrer Werkzeuge, des Winkels und des Zirkels. Im Inneren werden die Besucher dann in den Hauptsaal geführt, in dem Versammlungen abgehalten werden, sowie in ein kleines Museum. Die älteste Freimaurerloge in Singapur wurde 1845 gegründet. Ihre ersten Mitglieder waren der Rechtsanwalt und Zeitungsredakteur William Napier und der Geschäftsmann William H. Read. Erste Treffen fanden in verschiedenen Räumlichkeiten statt, bevor der Freimaurersaal in der Coleman Street gebaut wurde. Im Jahr 1879 errichteten die Freimaurer eine einstöckige Loge, die 1888 um ein zweites Stockwerk erweitert wurde. Sie wurde im Englischen Renaissancestil gebaut, der damals für englische Regierungsgebäude üblich war. Im Laufe der Zeit veränderte man das Gebäude geringfügig – eine Veranda wurde entfernt –, bewahrte aber sonst seine ursprüngliche Ästhetik. Im Inneren beherbergt das Gebäude neben dem Speisesaal eine Bibliothek und Büros, eine Bar, eine Reihe privater Versammlungsräume und einen Raum, den sogenannten Tempel. In Singapur gibt es mehr als ein Dutzend Freimaurerlogen.

SARKIES PHANTOM-GRÄBER

14

Grabsteine, die in den 1970er-Jahren von Bukit Timah hiergebracht wurden

St Gregory's Armenian Church Graveyard
60 Hill Street
MRT: City Hall

Die Ehre, die erste christliche Kirche Singapurs zu sein, gebührt der armenisch-apostolischen Kirche des Heiligen Gregors des Erleuchters, die hier als armenische Kirche bekannt ist. Es handelt sich um ein kleines Gotteshaus, dessen Größe und schlichte Form ihr ein Gefühl von bescheidener Anmut und Gelassenheit verleihen.

Auf dem Kirchengelände stehen im Schatten blühender Bäume im friedlichen *Memorial Garden* Grabsteine aus weißem Marmor, die die letzte Ruhestätte einiger prominenter Persönlichkeiten der örtlichen armenischen Gemeinschaft kennzeichnen, die hier begraben liegen – oder vielleicht doch nicht?

Die Monumente im tragen die Namen Moses, Joaquim und Sarkies und noch weitere – bei den Einwohnern Singapurs alles geläufige Namen. Catchick Moses gründete 1845 die *Straits Times*, die sich zur nationalen Zeitung Singapurs entwickelte. Agnes Joaquim züchtete in den 1880er-Jahren eine Orchidee, die nach ihr benannt wurde, die Vanda Miss Joaquim, und die schließlich zur Nationalblume erklärt wurde. Und 1887 eröffneten Tigran Sarkies und sein Bruder Martin das *Raffles Hotel* – zweifellos das berühmteste Hotel der Stadt.

Doch in Wirklichkeit liegt hier keine dieser Persönlichkeiten begraben, denn die Grabsteine stammen vom Friedhof Bukit-Timah und wurden in den frühen 1870er-Jahren auf das Gelände der armenischen Kirche transportiert. Und entgegen einigen Berichten handelt es sich bei den auf den Steinen genannten Sarkies nicht um einen der berühmten Hoteliers der Gebrüder Sarkies (es gab vier von ihnen), sondern wahrscheinlich um deren Nachkommen oder sogar Personen einer ganz anderen Sarkies-Linie (es gab mindestens zwei nicht miteinander verwandte Sarkies-Familien, die sich in den 1820er-Jahren in Singapur niederließen).

Die armenische Gemeinschaft in Singapur war zahlenmäßig eher klein – insgesamt lebten hier kaum 700 Armenier. Ihr Einfluss war jedoch groß, wie diese charmante Kirche deutlich zeigt, die ausschließlich mit Mitteln der kleinen, aber wohlhabenden Gemeinde erbaut wurde. Sie wurde 1836 eingeweiht und war vom irischen Architekten George D. Coleman im neoklassizistischen Stil, der in der Kolonialarchitektur der Tropen sehr beliebt war, entworfen worden.

Zu den typischen Merkmalen der armenischen Kirchenarchitektur gehören die gewölbte Decke und die Kuppel im Inneren.

GEDENKSTÄTTE FÜR JAMES BROOKE NAPIER

15

Das Grabmal für einen Säugling

Fort Canning Park Lawn
MRT: City Hall

Auf einem abschüssigen Hügel im *Fort Canning Park*, in der Nähe einer alten Steinmauer, die einst einen Friedhof umschloss, befindet sich ein merkwürdiges, weiß getünchtes Bauwerk im neugotischen Stil (ein im frühen 19. Jahrhundert sehr beliebter Stil) – die vergessene Gedenkstätte für den Säugling James Brooke Napier. Gleich dahinter sieht man das stolze, fast väterlich wirkende Fort Canning Centre, das 1926 als Kaserne der britischen Armee erbaut wurde.

Auf dem Fort Canning Hill lag einer der ersten christlichen Friedhöfe Singapurs. In zwei Begräbnisstätten, von denen die erste von 1819 bis 1822 und die zweite von 1822 bis 1865 genutzt wurde, wurden zahlreiche der frühesten europäischen Einwohner der Hafenstadt, heute historisch bedeutsame Persönlichkeiten, sowie ihre Angehörigen beigesetzt.

Ab 1865 fanden in Fort Canning keine Beerdigungen mehr statt und der Ort wurde schließlich in einen Park umgewandelt. Die Grabstellen wurden eingeebnet und die Grabsteine in den 1950er-Jahren in die Parkmauer eingelassen. Die meisten Besucher suchen heute an der Mauer nach berühmten Namen aus der Kolonialzeit, die sie vielleicht wiedererkennen, aber ein genauerer Blick auf die Daten zeigt auch, wie viele Kinder hier begraben wurden. Doch an keines dieser Kinder wird so elegant und würdevoll erinnert wie an James Brooke Napier.

Der Säugling James Brooke Napier war gerade fünf Monate alt, als er am 17. Februar 1848 auf See verstarb. Sein Vater, William Napier, war ein prominenter Rechtsanwalt, der die *Singapur Free Press* gründete und unter James Brooke, dem ersten der Weißen Rajahs von Sarawak, nach dem das Kind benannt worden war, auch als Vizegouverneur von Labuan in Borneo diente.

Übrigens wurde auch der Architekt George Coleman auf diesem Friedhof beigesetzt. Es wird vermutet, dass die beiden anmutigen Kuppeln, die sich bergab von der Napier-Gedenkstätte befinden, von ihm entworfen wurden. In der Nähe des Friedhofs befinden sich zwei Tore im neugotischen Stil, die von Charles Edward Faber, dem leitenden Ingenieur der *Straits Settlement*, entworfen wurden und aus der Mitte des 19. Jahrhunderts stammen.

DIE GRABSTEINWAND VON FORT CANNING

(16)

Eine Ziegelmauer, die zu einer kuriosen Collage aus Grabmalen wurde

Fort Canning – Rund um die Uhr geöffnet – Eintritt kostenlos
MRT: Dhoby Ghaut

Oberhalb des heutigen Fort Canning weihte Bischof Daniel Wilson aus Kalkutta 1845 den *Government Hill Cemetery* ein, der anschließend mit einer Ziegelmauer umgeben wurde. Heute ist der Friedhof eine Rasenfläche, aber die Mauer ist immer noch da. Und wenn man sich den Friedhof näher ansieht, wird man feststellen, dass die Mauer mit Dutzenden von Grabmalen übersät ist, die einst den Hang säumten, als der *Government Hill Cemetery* mit beigesetzten Einwohnern überfüllt war. Als der Friedhof in den 1860er-Jahren für neue Bestattungen

geschlossen wurde, verfiel er, und schon 80 Jahre später waren viele Grabmale verwittert. Obwohl niemand zu wissen scheint, wer damit begonnen hat und wann genau das alles anfing, wurden in den 1950er-Jahren die meisten Grabplatten aufgesammelt und in die Friedhofsmauer eingelassen, sodass eine höchst merkwürdige Collage entstand. Die auf dem Friedhof Bestatteten wurden 1974 exhumiert und das Gebiet wurde in *Central Park* und später in *Fort Canning Green* umbenannt – sein aktueller Name. Heute ist dies ein beliebter Ort für Freilichtaufführungen und Veranstaltungen, und nur wenige bemerken die beiden abfallenden Abschnitte der Mauer, die bis heute erhalten geblieben sind.

Verbotener Hügel

Der ursprüngliche Name von Fort Canning war *Bukit Larangan (Verbotener Hügel).* Er war eine der heiligsten Stätten im frühen Singapur, weil die Malaien glaubten, dass sich dort ein Palast und eine alte Begräbnisstätte der Könige befanden. Archäologische Ausgrabungen in den späten 1980er-Jahren ergaben, dass vor dem 19. Jahrhundert auf Fort Canning keine Bestattungen stattgefunden hatten. Als die Briten 1819 in Singapur eintrafen, wurde der Hügel von der Vegetation befreit, und schon bald begannen einige Europäer, ihre Toten dort zu bestatten – es entstand der erste europäische Friedhof. Er wurde jedoch bald verlegt, da er zu nahe am Regierungsbungalow lag, den der Architekt G.D. Coleman für den Gouverneursleutnant Sir Stamford Raffles gebaut hatte. Am selben Hang wurde weiter nördlich ein neuer Friedhof angelegt – der Standort des bereits erwähnten Friedhofs, der sich schließlich weiter ausdehnte und mit einer Ziegelmauer umgeben wurde. Etwa zu dieser Zeit errichtete Kapitän Charles Faber, der leitende Ingenieur der *Straits Settlements*, die beiden neugotischen Torbögen, die noch in der Nähe stehen und einen dramatischen Eingang zu dieser Begräbnisstätte bilden.

Grabstein des ersten im kolonialen Singapur geborenen Menschen

Das erste Kind, das nach der Ankunft der Briten in Singapur geboren wurde, war Agnes Maria Bernard, geboren am 25. Juli 1819. Sie war die Tochter von Esther Farquhar und Francis J. Bernard. Esther Farquhar war die älteste Tochter des ersten Einwohners von Singapur, William Farquhar, und ihr Ehemann, Francis Bernard, war der erste „Polizeichef" Singapurs. Das Grabmal von Agnes Maria Bernard, die 1854 verstarb, ist ebenfalls in der Mauer von Fort Canning zu finden.

DIE STREITKEULE VON SINGAPUR ⑰

Vergessenes Symbol der Stadt

Singapore History Gallery
National Museum, 93 Stamford Road
Tgl. von 10–19 Uhr
Für Einheimische und Ausländer mit festem Wohnsitz kostenlos;
Besucher: SGD 15 für Erwachsene und SGD 10 für Senioren und Studenten
MRT: Bras Basah oder Dhoby Ghaut

In einer gut geschützten Glasvitrine in der *Singapore History Gallery* des Nationalmuseums steht stolz und aufrecht Singapurs älteste und prächtigste offizielle Streitkeule. Diese herrliche Streitkeule aus Gold – das traditionelle Symbol der Macht – im Wert von 15.000 SGD wurde vom prominenten Philanthropen Loke Wan Tho als Andenken an die Ernennung Singapurs zur Stadt im Jahr 1951 in Auftrag gegeben. Charles d'Orville Pilkington Jackson (1887–1973), ein bekannter schottischer Bildhauer, war mit der Ausführung des Entwurfs beauftragt worden.

Zunächst wurde die Streitkeule in Edinburgh und dann in London ausgestellt, bevor sie im März 1954 nach Singapur verschifft wurde.

Die symbolträchtige Streitkeule ist das Ergebnis zahlreicher Vorschläge und Ideen eines Komitees aus Universitätsprofessoren, Mitarbeitern des *Raffles-Museums* und Loke selbst. Sie ist 1,2 Meter lang und mit heraldischen Symbolen verziert, die die Wappen von Singapur, der *Straits Settlements* und Sir Stamford Raffles zeigen. Außerdem ist sie mit europäischen, chinesischen, malaiischen und indischen Figuren sowie Darstellungen malaiischer Blumen und Tiere geschmückt. Loke übergab die Streitkeule am 31. März 1954 um 14.15 Uhr in einer Zeremonie im Rathaussaal an den Präsidenten des Stadtrats, T. P. F. McNeice. Bei der Übergabe erklärte er: „Dies ist ein Wegweiser in unserer Geschichte, der, wie ich hoffe, auf ein größeres und edleres Singapur hinweist."

In einem kleinen, geheimen Fach in der Keule befindet sich eine Schriftrolle mit einer kurzen Geschichte der Kolonie, beginnend mit ihrer Gründung als britischer Handelsposten im Jahr 1819.

Am 24. Dezember 1957, kurz nach seiner Wahl zum Bürgermeister der Stadt Singapur, ordnete Ong Eng Guan an, die Streitkeule aus dem Ratssaal zu entfernen, da sie „ein Relikt des Kolonialismus" sei, und wollte, dass sie vernichtet werde. Ongs Maßnahme war umstritten und löste heftige Reaktionen aus, was den britischen Abgeordneten Sir John Barlow dazu veranlasste, den Kauf der Keule anzubieten. Die Streitkeule fand nie wieder ihren Weg in den Stadtratssaal zurück, da der Rat 1959 aufgelöst wurde. Sie verblieb stattdessen viele Jahre lang im Sitzungssaal der Öffentlichen Versorgungsbetriebe, bevor sie schließlich ins Museum gebracht wurde.

EINE GLOCKE VON PAUL REVERE ⑱

Nächtliches Glockenläuten

Singapore History Gallery
National Museum, 93 Stamford Road
Tgl. von 10–19 Uhr
Für Einheimische und Ausländer mit festem Wohnsitz kostenlos;
Besucher: SGD 15 für Erwachsene und SGD 10 für Senioren und Studierende
MRT: Bras Basah oder Dhoby Ghaut

Das Singapur des 19. Jahrhunderts war nach Einbruch der Dunkelheit ein gefährlicher Ort, an dem auf den schlecht beleuchteten Straßen Diebstähle und Raubüberfälle die Regel waren, ganz zu schweigen von der sehr realen Gefahr von Angriffen durch herumstreunende Tiger und Panther. Sperrstunden gehörten damals zum Alltag und das Abfeuern einer Muskete jeden Abend um 20 Uhr erinnerte die Seeleute daran, auf ihre Schiffe zurückzukehren, und warnte die Bewohner in der Nachbarschaft, wachsam zu sein.

Ab 1843 wurde auch eine von Paul Revere angefertigte Glocke geläutet. In jenem Jahr schenkte Maria Revere Balestier (1785–1847), Tochter des amerikanischen Patrioten und Glockengießers Paul Revere (1735–1818) und Ehefrau von Joseph Balestier (1788–1858), dem ersten amerikanischen Konsul in Singapur, der St.-Andreas-Kirche in Singapur (der Vorgängerin der St.-Andreas-Kathedrale) eine Glocke von Paul Revere. Das Geschenk war jedoch an Bedingungen geknüpft: Maria Revere Balestier verlangte, dass die Kirche die Glocke unmittelbar nach dem 20 Uhr-Schuss fünf Minuten lang läutete, um sicherzustellen, dass alle Bewohner hören würden, dass die Ausgangssperre begonnen hatte.

Das Glockenläuten erklang in der St.-Andreas-Kirche und dann in der neuen St.-Andreas-Kathedrale bis 1874, als die Ausgangssperre aufgehoben wurde. Bis 1889 verwendte man die Revere-Glocke in der Kirche für andere Zwecke, dann wurde sie entfernt, zeitweise eingelagert und an verschiedene Gruppierungen ausgeliehen. Im Jahr 2006 war sie Teil der Dauerausstellung der *Singapore History Gallery* im Nationalmuseum. Die Glocke von Singapur ist die einzige Paul-Revere-Glocke außerhalb der Vereinigten Staaten.

Sie wurde in der zwischen 1792 und 1828 aktiven Gießerei von Paul Revere in Boston gegossen.

Paul Revere

Neben seiner Arbeit als Silberschmied, Industrieller und Glockengießer war Paul Revere ein leidenschaftlicher politischer Aktivist und einer der am meisten verehrten Volkshelden Amerikas. Am bekanntesten ist er für seinen mitternächtlichen Ritt durch die Landschaft von Massachusetts am 18. April 1775, um amerikanische Amtsträger vor der Ankunft der Briten zu warnen. Er war dafür verantwortlich, dass im Glockenturm der *Christ Church* in Boston zwei Laternen aufgehängt wurden, die darauf hinwiesen, dass die britischen Truppen nicht „auf dem Landweg", sondern „auf dem Seeweg" über den Charles River anrücken würden.

DER SINGAPUR-STEIN

⑲

Das Rätsel um die Inschrift

Singapore History Gallery
National Museum, 93 Stamford Road
Tgl. von 10–19 Uhr
Für Einheimische und Ausländer mit festem Wohnsitz kostenlos;
Besucher: SGD 15 für Erwachsene und SGD 10 für Senioren und Studierende
MRT: Bras Basah oder Dhoby Ghaut

Das im Nationalmuseum von Singapur ausgestellte Sandsteinstück, das die Besucher der *Singapore History Gallery* willkommen heißt, und als Singapur-Stein bekannt ist, hat einen Durchmesser von etwa 60 Zentimeter und ist Teil eines viel größeren Felsblocks, den die Briten kurz nach ihrer Ankunft im Jahr 1819 an der Mündung des Singapore River fanden. Auf seiner Vorderseite sind mehrere Zeilen eines alten Textes eingemeißelt, Inschriften, die lange Zeit für Rätsel sorgten.

Wie der drei auf drei Meter große Felsbrocken hierher kam, kann nur vermutet werden. Wenn man den Spekulationen der frühen Bewohner Singapurs Glauben schenkt, handelt es sich um ein- und denselben Felsbrocken, den laut einer in den Sejarah Melayu (den Malaiischen Annalen) beschriebenen Erzählung ein Held namens Badang im 14. Jahrhundert hierher warf.

Die im 15. oder 16. Jahrhundert verfassten Annalen sind die Chroniken der Könige von Malakka, von denen der erste als letzter König aus *Singapura* (malaiisch für *Singapur*) floh. Die Erzählungen, die bis zur Gründung des Königreichs Singapura im 14. Jahrhundert zurückreichen, neigen zu Übertreibungen, und ihre historische Genauigkeit wird in Frage gestellt. Dennoch gilt die Zusammenstellung als ein wichtiges Werk der malaiischen Geschichtsliteratur mit Anekdoten zur lokalen Geschichte. In der Erzählung wirft Badang, ein Hüne mit außerordentlicher Kraft, einen Felsbrocken in die Flussmündung und gewinnt damit eine Herausforderung des Rajas von Kalinga in Südindien. Der kräftigste Mann des Rajas, so heißt es in der Geschichte, scheiterte nämlich beim Versuch, den Felsbrocken hochzuheben.

Der hier gezeigte Stein ist eines von drei ähnlich großen Fragmenten, die 1843 den Versuch überlebten, den Felsbrocken für den Bau von Fort Fullerton zu sprengen. Die Fragmente wurden von einem britischen Oberst James Low geborgen und 1848 zur Analyse nach Kalkutta geschickt. Nur ein Teilstück fand den Weg 1918 als „unbefristete Leihgabe" des Indischen Museums zurück nach Singapur. Alle Versuche, die beiden anderen Fragmente ausfindig zu machen, waren bisher erfolglos.

Man nimmt an, dass der Stein aus dem 10. bis 14. Jahrhundert stammt, einer Zeit, in der Singapur als *Temasek* bekannt war. Die geheimnisvollen Inschriften, die zu den 50 Textzeilen gehören, die auf dem Stein gefunden wurden, waren bereits stark verwittert, als die Briten ihn fanden. Man nimmt an, dass die Inschrift in Kawi geschrieben ist, einer Schrift, die ihren Ursprung im Java des 8. Jahrhunderts hat, und die ein Beweis für die langen Verbindungen Singapurs, und davor *Temaseks*, mit dem Rest der Welt ist.

DER TRINKBRUNNEN IM NATIONALMUSEUM

20

Eine Brunnenanlage auf Reise

National Museum
93 Stamford Road
MRT: Bras Basah oder Dhoby Ghaut

Versteckt in einer Ecke der Außenterrasse des Nationalmuseums steht der vermutlich erste öffentliche Trinkbrunnen Singapurs aus dem Jahr 1864. Dieser kompakte und unscheinbare Marmorbrunnen wurde von John Gemmill „zur Nutzung von allen Nationen in Singapur" gestiftet.

Der ursprüngliche Standort des Brunnens ist nicht bekannt, aber frühe Fotos zeigen ihn 1919 in der Mitte des Raffles Place. Später wurde er zum Empress Place verlegt, wo er vor der Victoria Memorial Hall stand. Während der japanischen Besatzung in den 1940er-Jahren wurde der Löwenkopf von Vandalen beschädigt, und die zertrümmerte Schnauze führte offenbar dazu, dass das Wasser nicht mehr floss. Der Brunnen wurde anschließend 1967 in das Nationalmuseum verlegt.

Als das Museum 2002 wegen Umbauarbeiten geschlossen wurde, brachte man den Brunnen in das Heritage Conservation Centre, wo er vollständig restauriert wurde, bevor er an das Nationalmuseum zurückgegeben wurde.

John Gemmill war ein Geschäftsmann, der in der ersten Hälfte des 19. Jahrhunderts in Singapur lebte. Er war Ladenbesitzer, Bankier und der erste öffentliche Auktionator in Singapur. In *One Hundred Years of Singapur (Hundert Jahre Singapur)* wird berichtet, dass Gemmill in einem Geschäftsrundschreiben für seinen Schnapsvorrat warb, und zwar vor dem Hintergrund, dass mit der Gründung der ersten Temperance Society (Abstinenzlervereinigung) in Singapur der Absatz von Wein und Spirituosen stark zurückgegangen war.

Weitere historische Brunnen in Singapur sind der *Tan-Kim-Seng-Brunnen* (s. Seite 54) und der gusseiserne Brunnen am *Raffles-Hotel.*

John Gemmill und die Gemmill Lane

Eine schmale Straße zwischen Club Street und Amoy Street am Fuße des Ann Siang Hill trägt den Namen von John Gemmill – die Gemmill Lane. Der Ann Siang Hill selbst war früher unter dem Namen Gemmill's Hill bekannt und war der Wohnsitz von John Gemmill, bevor das Gelände an Chia Ann Siang verkauft wurde. Obwohl die Gemmill Lane nur kurz ist, besticht sie heute durch mehrere stilvolle Bars und Restaurants.

DIE SÄULEN DES ALTEN BIBLIOTHEK-TORS

㉑

Ein Tor zum Nirgendwo

Nahe Nationalmuseum – 93 Stamford Road
MRT: Dhoby Ghautd

Unmittelbar östlich des Nationalmuseumsgeländes, jetzt Teil des Innenhofs des neuen Gebäudes der *Singapur Management University (SMU)*, stehen zwei rote Backsteinsäulen und gleich dahinter ein Stück alter weißer Zaun. Die Säulen wirken verloren und haben kaum einen Zweck oder eine Verbindung zu ihrer Umgebung, außer vielleicht, dass sie die Besucher einladen, durch sie hindurchzugehen und die Rolltreppen gleich dahinter hinauf zum Fort Canning Hill zu nehmen.

Tatsächlich markierten die Säulen einst den Eingang zu einem Gebäude von großer sozialer Bedeutung – der Nationalbibliothek Singapurs.

Das 1960 fertiggestellte Gebäude mit seiner Backsteinfassade (zu der die Säulen passten) war eines von mehreren, die im Zuge des Übergangs von der Kolonie zur Unabhängigkeit errichtet wurden und ein Symbol für das neue Singapur.

Teilweise durch Spenden des Philanthropen und Kautschukmagnaten Lee Kong Chian erbaut, war dies die erste öffentliche Bibliothek Singapurs, wenn auch nicht die erste öffentliche Bibliothek des Landes. Ihr Besuch war kostenlos und sie stand jedem offen.

Im Laufe der Jahre wurde die Bibliothek, bei deren Bau eher die Funktion als die Form im Vordergrund stand, zu einer architektonischen Ikone und einem Symbol des Stolzes. Als in den 1990er-Jahren Pläne zum Abriss des beliebten Gebäudes bekannt wurden, löste dies einen beispiellosen Unmut in der relativ geduldigen Öffentlichkeit Singapurs aus. Trotz des offensichtlichen Widerstands begannen die Behörden mit dem Abriss. 2004 wurde die Bibliothek in ein neues Gebäude in der Victoria Street verlegt. Das alte Gebäude wurde im folgenden Jahr abgerissen, damit ein Straßentunnel gebaut werden konnte, um den Verkehrsfluss in der Gegend zu verbessern.

Auch wenn das Ergebnis für die Öffentlichkeit nicht unbedingt positiv war, so hat die Episode doch das Bewusstsein und das Interesse für die Erhaltung des kulturellen Erbes in Singapur geweckt. Man geht heute davon aus, dass der Vorfall ein Katalysator für eine stärkere Beteiligung der Bevölkerung an der Konservierung öffentlicher Räume und Gebäude war, was in den folgenden Jahren zu mehreren positiven Ergebnissen geführt hat.

Einige Ziegelsteine aus der alten Nationalbibliothek sind in einer Mauer im Garten des Untergeschosses der neuen Bibliothek erhalten.

DIE ORGEL DER *KATHEDRALE DES GUTEN HIRTEN*

(22)

Singapurs älteste Orgel

Ecke Orchard Road und Queen Street
cathedral.catholic.sg
MRT: Bras Basah oder City Hall

Die wunderschön restaurierte Neorenaissance-*Kathedrale des Guten Hirten* aus dem 19. Jahrhundert in der Queen Street, Ecke Orchard Road, ist nicht nur die älteste römisch-katholische Kirche Singapurs – auch die Orgel auf ihrer Westempore – oder zumindest der zentrale Teil der Orgel mit ursprünglich 918 Pfeifen – zählt zu den ältesten Singapurs. Die noch intakte Orgel ist imposant und besitzt eine unsymmetrische Orgelpfeifenanordnung aus dem Jahr 1882.

Orgeln sind in Singapur eher selten zu finden, da sie hauptsächlich im christlichen Gottesdienst verwendet werden. Die erste Orgel wurde bereits im 19. Jahrhundert installiert, und heute gibt es weniger als ein Dutzend davon, meist versteckt in Kirchen.

Der ursprüngliche Abschnitt der Orgel der Kathedrale, die von dem in Singapur ansässigen Musikinstrumentenhändler W. J. Garcia tropenfest gemacht und installiert wurde, hat einen bewährten Stammbaum. Sie wurde von der Londoner Firma *Bevington and Sons*, renommierten englischen Orgelbauern, hergestellt und war der Ersatz für eine ältere Orgel, die die Kathedrale von einer anderen Kirche erworben hatte. Sie erklang erstmals am 20. Oktober 1912 bei ihrer Einweihung.

Die Orgel hat sowohl den Zahn der Zeit als auch den Krieg gut überstanden. Obwohl sie nicht durch direkte Militäraktionen beschädigt wurde, wurden Teile während der japanischen Besatzung als Material geplündert. Durch eine Reihe von Restaurierungs- und Renovierungsarbeiten hielt man die Orgel über weite Strecken funktionsfähig, wobei Teile ausgetauscht und Ergänzungen vorgenommen wurden. Bei den Restaurierungs- und Reparaturarbeiten in den 1980er-Jahren, die von dem örtlichen Orgelbauer Robert Navaratnam durchgeführt wurden, kamen Pfeifen aus einer *Hill, Norman & Beard-Orgel* in der *Victoria Memorial Hall* hinzu, die ebenfalls während der Besatzungszeit beschädigt worden war.

In jüngerer Zeit wurde die Orgel abgebaut und zu *Diego Cera Organ Builders* in Las Piñas auf den Philippinen transportiert, wo sie im Rahmen der Restaurierung der Kathedrale komplett überholt wurde. Die restaurierte Orgel ist seit 2016 wieder eingebaut und war bei der Wiedereröffnungsmesse der Kathedrale am 20. November desselben Jahres eindrucksvoll zu hören.

Inzwischen finden hier regelmäßig für jedermann zugängliche Orgelkonzerte statt. Weitere Informationen dazu finden Sie auf der Website der Kathedrale.

DIE BABYKLAPPE ODER DAS *TOR DER HOFFNUNG*

(23)

Die traurige Geschichte hinter Chijmes

Chijmes *(ehemals* Kloster des Heiligen Jesuskindes *oder* CHIJ*)*
Victoria Street
MRT: City Hall

Chijmes (ausgesprochen „chimes“ = Glockenspiel) ist bekannt für gutes Essen, lässige Kneipen und gemütliche Cafés – eine ziemlich respektlose Neunutzung eines restaurierten ehemaligen römisch-katholischen Nonnenklosters aus dem 19. Jahrhundert, dessen gotische Kreuzgänge eine traurige Geschichte erzählen.

In der Außenmauer entlang der Victoria Street befindet sich eine kleine, unscheinbare Tür, bekannt als *Tor der Hoffnung*, die einst unzählige ungewollte Babys aufnahm, die von ihren Familien abgegeben wurden. Die meisten dieser Säuglinge starben jedoch.

Einige waren nur wenige Stunden alt und wurden dem Waisenhaus übergeben, das ein Jahr nach der Gründung des *Konvents des Heiligen Jesuskindes* (*CHIJ*) im Jahr 1854 hinzugefügt wurde. Sie stammten von unverheirateten Müttern, aus armen Familien und zerrütteten Haushalten, waren überwiegend Mädchen, chinesisch und kränklich oder sogar bereits tot. Auch Babys, die mit Sicherheit sterben würden, wurden von den Familien weggegeben, weil man befürchtete, dass ein Todesfall im Haus Unglück bringen würde.

Die „Babyklappe“, wie die Tür auch genannt wurde, nahm eine unbekannte Anzahl unglücklicher kleiner Bündel auf. 1946 berichtete die *Straits Times*, dass das Waisenhaus zehn Jahre zuvor in einem Jahr 400 Babys aufgenommen hatte. Während der japanischen Besatzung stieg diese Zahl auf 100 Babys pro Monat.

Ein Auszug aus dem Bericht der *Straits Times*: „Wenn die Babys in das Kloster gebracht werden, werden sie untersucht, gewaschen und mit kleinen weißen Baumwollhemden bekleidet, die von den älteren Kindern genäht werden, und in ein Bettchen gelegt – meist zum Sterben. Dort liegen die Kleinen dann nebeneinander, nur wenige Meter von der Verkehrsader Stamford Road entfernt.“

Diejenigen, die das Glück hatten, zu überleben, wurden in der Klosterschule unterrichtet und wuchsen entweder zu Ordensschwestern oder zu Ehefrauen junger Männer heran, die sich an ihre Priester gewandt hatten, um eine passende Ehefrau zu finden.

1983 wurde das Waisenhaus geschlossen, als die Regierung das Gelände erwarb. Der Orden entweihte die Kapelle und verlegte die Klosterschule nach Toa Payoh, um Platz für den Chimjes-Komplex zu schaffen, der sich heute an dieser Stelle befindet.

Eine ungewöhnliche Geschichte für einen Ort, der heute mit Feiern und Gastronomie in Verbindung gebracht wird. Aber wenn sich der Gedanke, hier zu essen und zu trinken, jetzt plötzlich morbide anfühlt, dann kann man beruhigt sein: Singapur hat aktuell die drittniedrigste Säuglingssterblichkeitsrate der Welt.

BUNTGLASFENSTER IM *JACOB BALLAS CENTRE*

(24)

Von Marc Chagall inspirierte Fenster

24–26 Waterloo Street
Mo–Fr 9–18 Uhr, So 9–12.30 Uhr, Sa geschl.
MRT: Bras Basah

Im kolonialen Zentrum Singapurs, in den oberen Stockwerken des Gebäudes gegenüber der Waterloo Street, kann man im *Jacob Ballas Centre* wunderschöne blaue und goldene Buntglasfenster bestaunen. Sieht man genau hin, so stellt man fest, dass diese lokal hergestellten Fenster denen ähneln, die 1962 vom berühmten jüdischen Künstler Marc Chagall (1887–1985) für die *Abbell-Synagoge* im *Hadassah-Ein-Karem-Krankenhaus* in Jerusalem angefertigt wurden.

Chagalls Originalfenster sind insgesamt zwölf, die den Segen Jacobs für seine zwölf Söhne und Moses Segen für die zwölf Stämme Israels symbolisieren. Das *Jacob Ballas Centre* wurde 2007 neben der *Maghain-Aboth-Synagoge* (1878), der älteren von nur zwei Synagogen in Singapur (die andere ist die *Chesed-El-Synagoge* von 1905 am Oxley Rise), eröffnet. Dieses Zentrum mit Veranstaltungsräumen, Büros, einem koscheren Restaurant und Unterkünften für die Rabbiner geht auf ein Vermächtnis des prominenten Singapurer Philanthropen Jacob Ballas (1921–2000) zurück, der mehr als 100 Millionen SGD für singapurische und israelische Wohltätigkeitsorganisationen hinterlassen hat. Sein anderes großes Vermächtnis war der *Jacob-Ballas-Kindergarten*, der ebenfalls 2007 eröffnet wurde und in der nordöstlichen Ecke der Botanischen Gärten Singapurs entstand – Heckenlabyrinthe, schwankende Seilbrücken und ein Baumhaus inmitten einer Gruppe von Banyanbäumen – sind Teil von diesem Traumpark für Kinder.

Vom Brotverkäufer zum Börsenmakler

Jacob Ballas war ein Selfmade-Man – das einzige Kind einer armen orthodoxen jüdischen Bagdadi-Familie, die nach Singapur, in die Wilkie Road 19 zog, als er noch ein Kind war. Seine Mutter konnte kaum die paar Cent für das Schulessen an der St.-Andreas-Schule zusammenkratzen, erzählt sein Klassenkamerad Jock Oehlers in seinen Memoiren *That's How It Goes: Autobiography of a Singapore Eurasian*. Jacobs Mutter kam mit dem Backen von Matze, dem ungesäuerten jüdischen Brot, über die Runden, das der junge Jacob in der Nachbarschaft verkaufte. Nachdem er sich zunächst als Autohändler und Versicherungsmakler durchgeschlagen hatte, wurde er schließlich ein erfolgreicher Börsenmakler und später Vorsitzender der Malaysischen und Singapurischen Börse.

DER EHEMALIGE SHOWROOM VON *MALAYAN MOTORS* ㉕

Eine Erinnerung an die einstigen Autohändler in der Orchard Road

14 Orchard Road
MRT: Dhoby Ghaut

Das Gebäude, eine Mischung aus Art Déco und modernistischem Stil, weist mehrere interessante Merkmale auf: lange Fensterreihen lassen natürliches Licht ins Innere und Öffnungen für eine natürliche Belüftung fügen sich in die Fassade, als wären sie Teil der Verzierung. Und dann natürlich der gewölbte Giebel – ein prächtiger fächerartiger Schwung, der von einigen gern mit einer riesigen Anschlagtafel verglichen wurde. Für andere ähnelt er den in Amsterdam weit verbreiteten Häusern im niederländischen Kolonialstil. Zusammen mit einer nicht mehr vorhandenen Rampe, der Auffahrt für Fahrzeuge zwischen dem ersten und dem zweiten Stockwerk, waren all diese Charakteristika durchaus beabsichtigt. Denn heute weiß kaum noch jemand, dass diese Gebäude, das jetzt eine Privatschule beherbergt, einst als Autohaus für *Malayan Motors* gebaut wurde, zu dessen Markenportfolio auch die Marken Morris und Rolls-Royce gehörten. Zu der Zeit, als der Showroom gebaut wurde, hatten sich in der Orchard Road bereits Autohändler niedergelassen. Die ersten, die sich dort ansiedelten, taten dies innerhalb eines Jahrzehnts nach der Ankunft des ersten Automobils in Singapur im Jahr 1896. Erst spät wurde Haus Nr. 14 an dem Ort errichtet, der bereits als „Autohändlerstraße" bekannt war – und sollte sich gleich von der Masse der anderen Showrooms abheben. Das Design von Nr. 14 spiegelte das fortschrittliche Denken seines Architekten D. S. Petrovich wider, der aus der erfolgreichen Firma *Swan & Maclaren* kam. Sein Giebel konnte nur mit modernsten Baumethoden wie der Verwendung von Stahlbeton – damals eine absolute Innovation – errichtet werden. Das Gebäude steht in der einzigen noch erhaltenen Reihe von Vorkriegshäusern in der Orchard Road und vermittelt einen Eindruck davon, wie diese Straße aussah, bevor in den 1970er-Jahren die modernen Einkaufszentren entstanden, die den Anfang vom Ende des Autohandels in der Orchard Road bedeuteten.

Zwei der ersten modernen Einkaufszentren der Straße, *The Orchard* (inzwischen abgerissen) und *Lucky Plaza*, entstanden an Orten, die mit der frühen Automobilindustrie des Landes verbunden waren. *The Orchard* befand sich im umgebauten Showroom von *Orchard Motors* und *Lucky Plaza* wurde auf dem Gelände von *Champion Motors* errichtet.

In den späten 1980er-Jahren zogen die letzten Autohändler in der Orchard Road – darunter auch *Malayan Motors* – endgültig fort.

MANASSEH MEYERS KÜRZEL

(26)

„M" für Manasseh Meyer

Chesed-El-Synagoge – 2 Oxley Rise
Besuche bitte per E-Mail an info@chesedel.org anmelden
MRT: Dhoby Ghaut

Die *Chesed-El-Synagoge* wurde vom erfolgreichen Architekten R. A. J. Bidwell von Swan & Maclaren entworfen, der bereits viele bekannte Gebäude konzipiert hatte, darunter das in der Gallop Road, die *Eden Hall*, das *Goodwood Park Hotel*, das *Raffles Hotel* und die *Victoria Concert Hall*. Ihr Erbauer, Sir Manasseh Meyer (1846–1930), ließ den Buchstaben „M" in den dekorativen Stuck an der Decke und in das Metallgeländer des Balkons im Obergeschoss der Synagoge einarbeiten, als ob er damit sein persönliches Eigentum kennzeichnen wollte. „M" für Meyer und anscheinend auch für „Magnificent" (großartig) –

so beschrieb der Wissenschaftler Albert Einstein die Chesed-El-Synagoge bei seinem Besuch im Jahr 1922. Der in Bagdad geborene und in Indien ausgebildete Meyer wanderte 1861 nach Singapur aus. Er wurde zu einem der prominentesten jüdischen Geschäftsleute und Immobilienbesitzer in Singapur und wurde 1920 zum Ritter geschlagen. In Katong ist sogar eine Straße nach ihm benannt. Meyer ist für den Bau der beiden einzigen Synagogen des Landes verantwortlich – beides Nationaldenkmäler –, die mit kunstvollen Stuckarbeiten und Gesimsen, Säulen, Bögen und Pilastern verziert sind – und eine eben auch mit seinen Initialen. Die *Maghain-Aboth-Synagoge* wurde 1878 in der Waterloo Street, die ursprünglich (und ironischerweise) Church Street hieß, im damaligen jüdischen Viertel Singapurs erbaut und gilt als die älteste Synagoge in Südostasien. Damals war es üblich, dass eine Synagoge nur wenige Gehminuten von den Wohnungen entfernt lag. Als Meyer sich Jahre später mit der Gemeinde zerstritten hatte, war er reich und mächtig genug, um sie zu verlassen und seine eigene private Synagoge zu bauen. Er errichtete im Jahr 1905 auf dem Gelände seines weitläufigen Anwesens in Oxley Rise, das er *Belle Vue* nannte, die *Chesed-El-Synagoge*. Das Haupthaus des Anwesens war ursprünglich 1842 von Generalstabsarzt Dr. Thomas Oxley erbaut worden und wurde Killiny House genannt. Es wurde in den 1980er-Jahren abgerissen, um Platz für einen Eigentumswohnungsblock zu schaffen.

Meyers „M" wurde auch in die Spindeln der schmiedeeisernen Innenbalustrade von Eden Hall eingearbeitet (s. Seite 144).

Jüdische Händler in Singapur

Als Raffles 1819 in Singapur eintraf, gab es dort nur eine Handvoll jüdischer Händler. Bei Ausbruch des Zweiten Weltkriegs lebten bereits mehr als 1500 Juden in Singapur. Die meisten von ihnen waren sephardische Juden aus dem heutigen Irak, die ihr Vermögen ursprünglich im Opiumhandel, später in den Bereichen Kautschuk, Zinn, Textilien, Immobilien und Aktien machten. Heute leben einige tausend Juden in Singapur, darunter Nachkommen der sephardischen jüdischen Familien Sassoon, Solomon, Benjamin und Marshall sowie aschkenasische jüdische Auswanderer, deren Ursprünge in Osteuropa liegen.

DAS LADENHAUS IN DER TANK ROAD NR. 1

27

Das letzte Kittangi der Chettiar

1 Tank Road – MRT: Clarke Quay

Auf den ersten Blick sieht das dreistöckige Ladenhaus in der Tank Road Nr. 1 in der Nähe des hinduistischen *Sri-Thendayuthapani-Tempels* eher uninteressant aus. Seine Türen sind in der Regel geschlossen, aber wenn man die Gelegenheit hat, einen Blick hineinzuwerfen, stellt man fest, dass sich dahinter eine Halle verbirgt, in der die Zeit stehen geblieben zu sein scheint. Die lange, schmale Halle mit einer niedrigen, auf beiden Seiten eines Durchgangs um etwa 20 Zentimeter erhöhten Plattform, ist in der bescheidenen Art der von den Chettiar betriebenen Geldverleihgeschäfte eingerichtet, die einst entlang der Market Street zu finden waren. Diese boten vor allem Kleinunternehmern schnell und unkompliziert Kapital an. Die Chettiar waren seit den 1820er-Jahren, als sie zum ersten Mal nach Singapur kamen, bis in die 1970er-Jahre hinein, als die Ladenhäuser in der Market Street abgerissen wurden, ein fester Bestandteil des Geschäftsviertels von Singapur. Jedes Ladenhaus, als Kittangi bekannt, was so viel wie „Lagerhaus" bedeutet, war ein gemeinschaftlicher Arbeits- und Lebensraum und konnte bis zu 50 individuell geführte Geldverleihgeschäfte beherbergen. Die Chettiar, Männer, die ihre Familien in Indien zurückgelassen hatten, lebten in einfachen Verhältnissen und ließen sich von der Küche des Kittangi versorgen. Geschäfte wurden in einem kleinen, gemieteten Raum abgewickelt, wobei die Transaktionen an einem niedrigen Schreibtisch, einem sogenannten *mejai peti*, stattfanden. Die Chettiar besaßen lediglich ein Rollbett aus Baumwolle, einen Schreibtisch und andere einfache Einrichtungsgegenstände wie einen Schrank mit Bargeld, Schmuck, der als Pfand aufbewahrt wurde, Geschäftsbücher, Notizen und ein paar persönliche Gegenstände. Die Chettiar stammten aus Chettinad, einer Region in Indiens südlichstem Bundesstaat Tamil Nadu, wo die meisten indischen Singapurianer ihre Wurzeln haben. Seit langem als Händler und Financiers etabliert, zogen sie durch ganz Asien und waren auch in Sri Lanka, Birma und Vietnam zu finden. Für die von ihnen angebotenen Kredite, die in der Regel mit hohen Zinssätzen verbunden waren, war oft nicht mehr als ein Schuldschein erforderlich. Die Ereignisse des 20. Jahrhunderts, die Einführung einer stärkeren Regulierung der Finanzindustrie und die Ausdehnung von Banken und Finanzinstituten in Singapur führten zu einem Rückgang des Geschäfts der Chettiar.

Waren in den 1950er-Jahren noch bis zu 400 Chettiar-Geldverleiher registriert, so waren es in den 1970er-Jahren, als im Zuge der Stadtsanierung viele der *Kittangis* verschwanden, nur noch etwa 50. Heute ist das Kittangi an der Tank Road Nr. 1 die einzige greifbare Erinnerung an diese „Lagerhäuser". Hier werden schon lange keine Geschäfte mehr getätigt, und die Räumlichkeiten dienen nun als Treffpunkt und Erholungsort für die Chettiar und ihre Familien, die in Singapur geblieben sind.

DAS HAUS VON CHEE GUAN CHIANG

(28)

Eine vergessene Schönheit

25 Grange Road – MRT: Somerset

Eingeklemmt zwischen hoch aufragenden Wohnblöcken und zusätzlich versteckt hinter wuchernden Bäumen, liegt eines der herrlichsten Juwele des Art Déco Singapurs – das verlassene Haus von Chee Guan Chiang, auch bekannt als *Wellington House*. Obwohl es von einem Zaun umgeben ist, können Passanten einen Blick auf das Haus erhaschen, wenn sie die Grange Road entlanggehen und zwischen der indischen High-Commission und dem Grange-Infinite-Apartmentblock hinüberblicken.

Dieses Haus und das kleinere Nachbarhaus wurden in den 1930er-Jahren von Ho Kwong Yew (1903–1942), einem der ersten und führenden Architekten der Moderne in Singapur, entworfen und gebaut. Das kleinere Gebäude ist das ältere der beiden und war das ursprüngliche Wohnhaus von Chee Guan Chiang.

Das stromlinienförmige Design mit seinen geschwungenen Veranden und auskragenden Flachdächern wurde damals von der lokalen Presse als wunderbares Beispiel für die aufkeimende Ästhetik der Moderne in Singapur gelobt. Ho baute 1937 für die Gebrüder Aw auch die prächtige *Villa Haw Par* mit ihren sechs Kuppeln (s. Seite 176), die gleich nach dem Zweiten Weltkrieg abgerissen wurde.

Leider wurde Ho auf dem Höhepunkt seiner erfolgreichen Karriere von der japanischen Armee kurz nach deren Einmarsch in Singapur 1942 getötet. Seine drei Söhne – Kok Hoe, Kok Kit und Kok Yin – führten jedoch sein Architekturbüro, *Ho Kwong Yew & Sons*, bis in die 1980er-Jahre weiter.

Das Haus von Chee ist nach dem prominenten Geschäftsmann Chee Guan Chiang benannt, dem ältesten Sohn des in Malakka geborenen Tycoons und Philanthropen Chee Swee Cheng, der der erste Vorsitzende der *Oversea-Chinese Banking Corporation (OCBC)* war. Der ältere Chee vergrößerte das Familienvermögen auf vielfältige Weise: Er besaß Kautschuk-, Kokosnuss- und Tapiokaplantagen und außerdem Beteiligungen am Opium-, Schnaps- und Eisgeschäft und hatte nicht nur in Singapur, sondern auch in Malakka Villen. An Chee Swee Cheng, der verstarb, als das Haus gerade bezugsfertig war, erinnern seine Initialen an den Hauptportalen.

Im Jahr 2008 stellte die *Urban Redevelopment Authority (URA)* die Chee-Villa unter Denkmalschutz. Das Haus und das umliegende Gelände, das jetzt im Besitz der *Lee Tat Development Pte Ltd* ist, sind aufgrund eines jahrzehntelangen Rechtsstreits um die Nutzungsrechte momentan blockiert, doch angesichts der Größe und der Lage des Grundstücks ist das Anwesen viele Millionen Dollar wert.

DIE KOLONNADE

(29)

Ein komplexer Entwurf aus Blöcken des berühmten Architekten Paul Rudolph

82 Grange Road
MRT: Scotts Road/Orchard

Zwischen den Hochhäusern der Grange Road fährt oder geht man leicht an dem seltsam aussehenden Komplex namens Collonnade vorbei, ohne sich seiner eigenartigen Geometrie bewusst zu werden. Die Kolonnade thront nämlich auf hohen zylindrischen Säulen unterschiedlicher Höhe und besteht aus vier Quadranten, die jeweils auf einer anderen Höhe beginnen und enden. Jeder Quadrant besteht aus Stapeln von vorspringenden Blöcken, die vor den strukturellen Säulen freitragend sind. Der von der prominenten Kwee-Familie in Auftrag gegebene und vom amerikanischen Architekten Paul Rudolph entworfene Bau besteht aus Stahlbeton und ist mit Mauerfarbe gestrichen – Rudolph war bekannt für seine Vorliebe für Beton und komplexe Grundrisse. Im Fall der Kolonnade ist Rudolphs Interesse an Modularität und ineinandergreifenden Räumen deutlich zu erkennen. Er liebte die architektonische Verwendung von vorgefertigten Einheiten, die er als „Ziegel des zwanzigsten Jahrhunderts“ bezeichnete. Die Kolonnade sieht zwar wie ein Fertigteilhaus aus, wurde aber aus technischen und finanziellen Gründen damals eben nicht so gebaut.

Paul Rudolph

Paul Rudolph (1918–1997), der sechs Jahre lang den Lehrstuhl für Architektur an der Yale University innehatte, gilt weithin als einer der großen Architekten der Spätmoderne. Sein berühmtestes Werk ist das Kunst- und Architekturgebäude in Yale, auch bekannt als Rudolph Hall: das klobige, festungsartige Gebäude aus Strukturbeton mit einem komplizierten Grundriss ist eines der frühesten (1963) und bemerkenswertesten Beispiele des Brutalismus in den Vereinigten Staaten. In den 1970er-Jahren waren Paul Rudolph und seine Entwürfe in den USA in Ungnade gefallen, und so orientierte er sich nach Osten. Von Rudolphs wenigen postmodernen Projekten in Südostasien wurden zwei in den 1980er-Jahren in Singapur gebaut – die 27-stöckige *Colonnade* und das 45-stöckige *Concourse*-Gebäude an der Beach Road. Das Concourse bezeichnete Rudolph wegen seiner einzigartigen dynamischen Asymmetrie von Säulen und gestapelten und ineinandergreifenden Blöcken als „wirbelnden Derwisch“. Das Gebäude wurde auch *Umgekehrte Pagode* genannt. In Surabaya (Indonesien) ist Rudolph auch der Architekt des atemberaubenden *Intiland Tower*, einem weiteren Beispiel für seine Besessenheit von freitragenden Blöcken.

Selegie Road, Little India und Kampong Glam

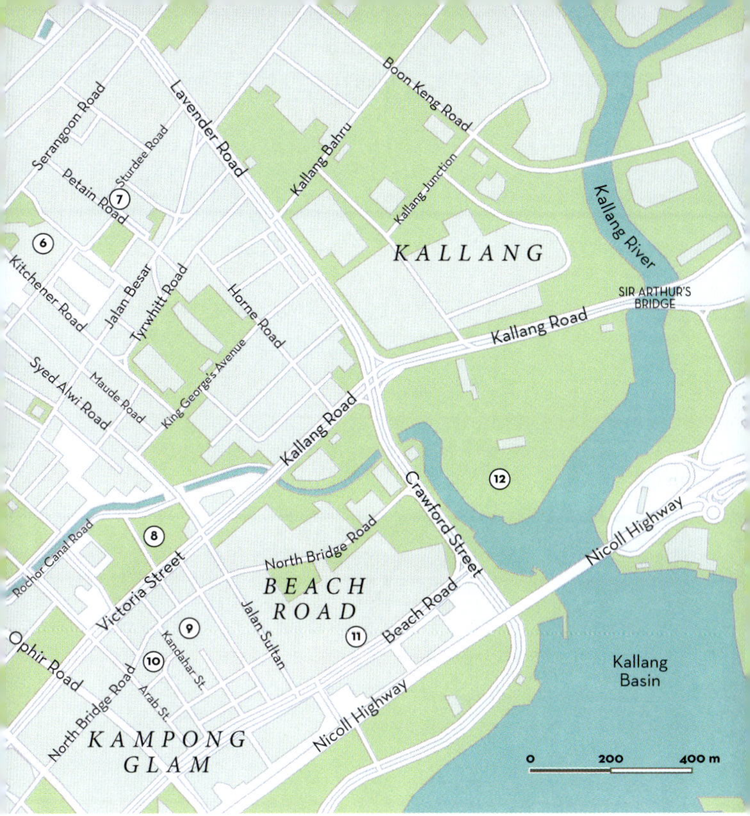
KALLANG
BEACH ROAD
KAMPONG GLAM
Serangoon Road
Lavender Road
Boon Keng Road
Kallang Bahru
Kallang Junction
Sturdee Road
Petain Road
Kitchener Road
Jalan Besar
Tyrwhitt Road
Horne Road
King George's Avenue
Syed Alwi Road
Maude Road
Kallang Road
Kallang River
SIR ARTHUR'S BRIDGE
Crawford Street
North Bridge Road
Rochor Canal Road
Victoria Street
Jalan Sultan
Beach Road
Nicoll Highway
Ophir Road
Kandahar St.
Arab St.
Kallang Basin
0
200
400 m

GEBÄUDE DER FRÜHEN GEMEINDEN VON MIDDLE ROAD

①

Der Davidstern auf dem David-Elias-Gebäude

270 Middle Road – MRT: Dhoby Ghaut oder Bras Basah

Ein Spaziergang durch die Middle Road, eine der ältesten Straßen Singapurs, scheint auf den ersten Blick nicht besonders interessant, doch bei näherer Betrachtung zeigen sich in den Überresten der Gemeinden, für die die Straße einst ein zweites Zuhause war, die Spuren ihrer bewegten Geschichte. Das mit dem Davidsstern geschmückte *David-Elias-Gebäude* aus dem Jahr 1928 nahe der Kreuzung Selegie Road erinnert an das *Mahallah*, ein Viertel sephardischer Juden, die der Gegend ein

Flair des alten Bagdad verliehen. Das von *Swan & Maclaren* in einem in den 1920-erJahren beliebten Stil entworfene neoklassizistische Gebäude zeichnet sich durch ein breites Satteldach, auskragende Erkerfenster und italienisch anmutende Balkone aus. Es beherbergte die Büros der Firma, *D. J. Elias and Company*. David Elias war der Schwiegersohn und ein Verwandter des prominenten Joseph Aaron Elias, nach dem die Elias Road in Pasir Ris benannt ist. Die Middle Road, die im Stadtplan von Leutnant Jackson von 1822 vorgesehen war, sollte ein anderes Schicksal erfahren. Als Straße, die in der Mitte der Stadt verlief (daher der Name), sollte sie die europäische Siedlung vom *Civic District*, dem bürgerlichen Viertel, trennen. Die Kolonie wurde jedoch größer als geplant, und andere begannen, das Gebiet zu besiedeln – darunter die jüdische Gemeinde in den späten 1800er-Jahren und die japanische in den frühen 1900er-Jahren.

Zwei weitere Gebäude stehen in Verbindung mit den Japanern, einer weiteren ehemaligen Gemeinde in der Straße. Eines davon macht in der Middle Road 250 neben dem *David-Elias-Gebäude* eine unscheinbare Figur. Das Gebäude, das heute eine Privatschule beherbergt, lässt kaum vermuten, dass sein Ursprung in einem japanischen Krankenhaus, dem *Doh-jin*, liegt. Das zweite Gebäude ist das Stamford Arts Centre, nur zwei Blocks entfernt in der Waterloo Street 155, 1920 als japanische Grundschule errichtet. Beide stammen aus der Zeit, als die Middle Road noch *Chuo Dori* oder *Central Street* hieß, und deuten darauf hin, dass es vor dem Zweiten Weltkrieg dort eine große japanische Gemeinde gab.

Die japanische Gemeinde in der Middle Road vor dem Zweiten Weltkrieg

Frauen, die dem ältesten Gewerbe der Welt nachgingen, machten den Großteil der frühen japanischen Einwanderer aus. Das boomende Bordellgeschäft in der Malay und Hylam Street (wo sich heute *Bugis Junction* befindet) zog japanische Händler in die nahe gelegene Middle Road, um den „arbeitenden Mädchen“ Kimonos, Blumen und Drogen zu verkaufen. Ihre Geschäfte und Häuser gaben der Middle Road ein deutlich japanisches Gepräge, und sie wurde im Viertel als *Chuo Dori* bekannt. Der Krieg und die letztendliche Niederlage der Japaner sowie die Konfiszierung ihres Besitzes machten dem ein Ende.

Weitere Informationen über die Geschichte und Symbolik des Davidsterns finden Sie auf der folgenden Doppelseite.

Das Hexagramm: ein magischer Talisman?

Das Hexagramm, auch Sechsstern oder Davidstern genannt, wird aus zwei ineinander verwobenen, gleichseitigen Dreiecken gebildet, die für die spirituelle und die menschliche Natur des Menschen stehen. Seine sechs Zacken entsprechen den sechs Richtungen des Raums (Norden, Süden, Osten, Westen, Zenit, Nadir) und symbolisieren die sechs Tage der Schöpfung. Am siebten Tag ruht der Schöpfer. In diesem Kontext ist das Hexagramm zum Symbol des Makrokosmos (seine sechs 60-Grad-Winkel ergeben in der Summe 360 Grad) und der Einheit des Menschen mit seinem Schöpfer geworden.

Gemäß den Vorgaben des Alten Testaments (Deut. 6, 4-8) findet sich das Hexagramm häufig auf der traditionellen jüdischen *Mesusa*, einer am Türpfosten befestigten Schriftkapsel. Doch auch christliche und muslimische Völker verwenden es oft als Amulett. Im Koran (38:32 ff.) und in den Erzählungen aus Tausendundeiner Nacht ist es als unzerstörbarer Talisman präsent, der einem zum Segen Gottes verhilft und vor den Geistern der Natur (*Dschinns*) schützt. Ebenso häufig findet es sich auf den Fenstern und Giebeldreiecken christlicher Kirchen, gleich einem symbolischen Verweis auf die universelle Seele, die hier durch Jesus bzw. durch Jesus (oberes Dreieck) gemeinsam mit Maria (unteres Dreieck) dargestellt wird. Beide sind eng miteinander verschlungen und bilden im Ergebnis den Allmächtigen und Ewigen Vater.

Oft sieht man das Hexagramm auch abgewandelt als sechszackigen Stern und sechsblättrige Rosette. Das Hexagramm findet sich zwar in der Synagoge von Kafarnaum (3. Jh.), in der rabbinischen Literatur – genauer gesagt im *Eschkol Hakofer* des karäischen* Weisen Judah Hadassi – taucht es jedoch erst 1148 auf. In Kapitel 242 erhält es einen mystischen, beschützenden Charakter; häufig wurde es in Amulette eingraviert: „Und die Namen der sieben Engel wurden auf die Mesusa geschrieben. Der Ewige schützt dich und dieses Symbol, das *Davidschild*, enthält am Ende der Mesusa die geschriebenen Namen aller Engel." Im 13. Jahrhundert wurde das Hexagramm zudem zum Attribut eines der sieben magischen Namen Metatrons, des Engels, der mit dem Erzengel Michael, dem Gott am nächsten stehenden Fürsten der himmlischen Heerscharen, verbundenen Präsenz. Die Identifikation des Judentums mit dem Davidstern begann im Mittelalter. 1354 gestand König Karl IV. (Karel IV.) der jüdischen Gemeinschaft von Prag das Privileg zu, ihre eigene Fahne zu führen. Die Juden entwarfen daraufhin ein goldenes Hexagramm auf rotem Grund, genannt *Magen David* (Schild Davids), das zum offiziellen Symbol für Synagogen der jüdischen Gemeinschaft allgemein wurde.

Im 19. Jahrhundert war dieses Symbol weit verbreitet. Die jüdische Mystik sah den Ursprung des Hexagramms direkt in den Blumen, welche die Menora** in Form einer Lilie mit sechs Blütenblättern zieren. Ihre Anhänger glaubten daran, dass es direkt aus den Händen des Gottes Israels stammte; die Lilie mit ihren sechs Blütenblättern gleicht in ihrer Form dem Davidstern und wird im Hohelied Salomos auch mit dem Volk Israel gleichgesetzt.
Neben seiner beschützenden Funktion soll das Hexagramm auch über magische Kräfte verfügen: Dieser Glaube geht auf den *Schlüssel Salomons (Clavicula Salomonis)* zurück, eine Reihe von König Salomon zugeschriebenen magischen Schriften, die jedoch vermutlich aus dem Mittelalter stammen – wahrscheinlich aus einer der vielen kabbalistischen Schulen, die es seinerzeit in Europa gab.
Der Text ist klar von den Lehren des Talmud und der jüdischen Kabbala inspiriert. Er umfasst 36 Pentakel voll magischer bzw. esoterischer Bedeutung, über die eine Verbindung zwischen der irdischen Welt und den Ebenen der Seele hergestellt werden soll. Von dem Text gibt es verschiedene Fassungen und Übersetzungen, deren Inhalt zum Teil stark variiert. Auch im Buddhismus und Hinduismus in Tibet und Indien wird das universelle Symbol des Hexagramms verwendet. Hier gilt es als Symbol des Schöpfers und der Schöpfung, für die Brahmanen ist es das Zeichen des Gottes Vishnu. Die beiden verschlungenen Dreiecke waren ursprünglich in Grün (oberes Dreieck) und Rot (unteres Dreieck) gehalten. Später wurden diese beiden Farben durch Weiß (Materie) und Schwarz (Geist) ersetzt. Im Hinduismus verweist das obere Dreieck des Hexagramms auf Brahma, Vishnu und Shiva (was im Christentum dem Vater, dem Sohn und dem Heiligen Geist entspricht) und das untere Dreieck auf Shiva, Vishnu und Brahma (Heiliger Geist, Sohn und Vater). Der Sohn (Vishnu) befindet sich dabei stets in der Mitte: Er ist Mittler zwischen dem Göttlichen und dem Irdischen.

* Qarajm *oder hebr. bnei mikra: „Söhne der Schriften". Die karäische Religionsgemeinschaft ist ein Zweig des Judentums, der einzig die hebräischen Schriften als Quelle der göttlichen Offenbarung anerkennt.*
*** Menora: siebenarmiger Leuchter, dessen Arme auf die sieben Geister vor dem Thron verweisen: Michael, Gabriel, Samael, Raphael, Zedekiel, Anael und Kassiel.*

DIE KUPPELDÄCHER DES *ELLISON BUILDING* ②

Einer der einstmals höchsten Punkte der Gegend

Corner of Selegie and Rochor Canal roads – MRT: Little India

Eines der auffälligsten Merkmale des *Ellison Building* ist seine abgerundete Fassade, die von zwei Kuppeln auf dem Dach und Balkonen im zweiten Stock unterbrochen wird – aber das sind beileibe nicht nur hübsche Verzierungen. Während das *Ellison Building* heute von Singapurs himmelhohen Büro- und Wohntürmen in den Schatten gestellt wird, gehörten die Kuppeln einst zu den höchsten Punkten in der Gegend. Innen im Gebäude versammelte sich das Who's who des Singapurs des frühen 20. Jahrhunderts, um die nahe gelegenen Pferderennen auf der Race Course Road zu verfolgen, denn Singapurs erste große Pferderennbahn befand sich am Rande von Little India. In den 1930er-Jahren wurde sie nach Bukit Timah und im Jahr 2000 nach Kranji verlegt, wo sie bis heute existiert.

Das *Ellison Building* wurde 1924 von Isaac Ellison, einem rumänischen Juden, für seine Frau Flora, eine *Baghdadi*-Jüdin aus Rangun, errichtet. Zu dieser Zeit war die Gegend um Mount Sophia bei der örtlichen jüdischen Gemeinde um die *Maghain-Aboth-Synagoge* in der Waterloo Street sehr beliebt.

Vier Jahre nach dem Bau des *Ellison Building* entstand ganz in der Nähe, in der Selegie Road, das David-Elias-Gebäude, das ebenfalls den Davidstern trug – ein Zeugnis dieser Gemeinde. Beide Gebäude sind erhalten geblieben.

> In einem Giebel zwischen den Kuppeln ist ein kleiner Davidstern zu sehen, der den Namen und das Baudatum des Gebäudes trägt.

Sieg für den Denkmalschutz

Als das *Ellison Building* 2008 als Denkmal empfohlen wurde, erkannte die Regierung seine soziale Bedeutung. Im August 2016 wurde jedoch angekündigt, dass drei Teile des Gebäudes (einschließlich der Nordkuppel) teilweise abgerissen werden sollten, um Platz für den unterirdischen Bau einer neuen Schnellstraße zu schaffen, und dass die entsprechenden Teile später wieder aufgebaut werden sollten. Dies missfiel den örtlichen Denkmalschützern, die argumentierten, dass der Wiederaufbau historischer Gebäude technisch gesehen eine Fälschung historischer Artefakte darstellt. Die Regierung ging schließlich einen Kompromiss ein und fand einen Weg, die Kuppel intakt zu lassen – ein kleiner Sieg für den Denkmalschutz in Singapur.

DER SONNENAUFGANG VON *MASJID ABDUL GAFFOOR*

③

Ein Sonnenkranz, der die 25 im Koran erwähnten Propheten darstellt

41 Dunlop Street
Little India
Tgl. von 17.30–20.30 Uhr
MRT: Rochor

Die hübsche *Masjid-Abdul-Gaffoor-Moschee* wird von Passanten oft übersehen, denn sie ist in ein Grundstück gezwängt, das von hohen Geschäftshäusern überragt wird, die die enge Dunlop Street flankieren. Die Moschee besticht durch ihre maurischen und griechisch-römischen Motive, darunter Bögen und korinthische Säulen. Was viele nicht bemerken, ist der interessante, sonnenuhrartige Sternenfleck über dem Haupteingang zur Gebetshalle. Dieser Sonnenkranz ist mit 25 Lichtstrahlen gestaltet – wahrscheinlich stellvertretend für die 25 im Koran erwähnten Propheten. Man könnte meinen, die Moschee sei nur klein, aber überraschenderweise bietet sie Platz für bis zu 4.000 Gläubige, was auf ihre kreative Restaurierung Mitte der 1990er-Jahre zurückzuführen ist, als die Moschee, nachdem sie baufällig geworden war, umfassend instand gesetzt wurde. Die gesamte Struktur wurde mit Mikropfählen verstärkt. Darunter wurde ein Untergeschoss vertieft und vergrößert, um den Gebetsraum zu erweitern. Dies war eine Weltpremiere, denn es wurde ein Untergeschoss unter einer bestehenden Mauerwerksstruktur geschaffen und gleichzeitig die Fundamentstruktur komplett verändert. Bei der Restaurierung wurden auch die architektonischen Details und Designelemente liebevoll wiederhergestellt – darunter die filigranen *Cinquefoil*-Bogenöffnungen, die in den Hauptgebetssaal führen (*Cinquefoil* stammt aus dem Französischen „cinq feuilles“ und bedeutet „fünfblättrig“).

Kampong Kapoor

Mitte des 18. Jahrhunderts herrschte in diesem *Kampong Kapoor* genannten Gebiet reges Treiben, in denen zahlreiche Arbeiter aus Südindien beschäftigt waren. Im Jahr 1859 wurde hier ein einfaches Gebäude aus Holz und Ziegeln für den muslimischen Gottesdienst errichtet. 1887 erwirkte Shaik Abdul Gaffoor bin Shaik Hyder, der leitende Angestellte einer angesehenen örtlichen Anwaltskanzlei, eine Genehmigung für den Bau von acht Ladenhäusern und neun Schuppen rund um die Moschee. Im Jahr 1903 wurden weitere Ladenhäuser hinzugefügt, und die Erlöse aus diesen Gebäuden ermöglichten den Bau einer neuen Moschee an diesem Standort. 1910 wurde die Moschee fertiggestellt und nach ihm benannt. 1979 wurde die Moschee zum nationalen Denkmal erklärt.

GÖTTIN KALIS TÖDLICHER BISS ④

Eine schockierend blutrünstige Kali-Statue

Sri Veeramakaliamman Temple
141 Serangoon Road
6295-4538
sriveeramakaliamman.com
Tgl. von 5.30–12.30 und 16–21.30 Uhr
MRT: Little India

Hinter dem Hauptteil des *Sri-Verramakaliamman-Tempels* in Little India, wohin sich nur wenige verirren, und durch hohe Mauern von der Straße abgeschirmt, lauert eine schaurige Figur, der die Gläubigen huldigen. Hier ist Kali, die „Schutzheilige" des Tempels, in einer goldgerahmten Nische dargestellt, wie sie einem Bösewicht die Eingeweide herausreißt, der tot und schlaff auf ihrem Schoß liegt. Kalis Augen starren wahnsinnig und ihr blutiger Mund mit den Reißzähnen kennt keine Gnade. Über der Nische an der Wand des Geländes befindet sich eine weitere Darstellung, die Kali zeigt, wie sie zwei Bösewichte auf grausame Weise tötet, wobei ihre Eingeweide von ihren scharfen Zähnen herabhängen. Diese drastischen Darstellungen vermitteln eine kristallklare Botschaft, was mit Übeltätern geschieht.

Im Hinduismus ist Kali die Mutter des Universums und verkörpert die Dualität des Mutterdaseins – liebevoll schützend, aber auch unerbittlich und sogar brutal. Eine Statue zeigt Kali in einem friedlichen Moment mit ihren Söhnen Ganesha und Murugan. Sie erscheint in verschiedenen Formen und Wesenheiten innerhalb und außerhalb des Tempels, manchmal mit vielen Armen, einem roten Gesicht und brennendem Haar, um ihre Allmacht und Intensität zu symbolisieren.

Der *Sri-Verramakaliamman-Tempel* ist ein Nationaldenkmal mit einem kunstvollen *Gopuram* (Turm), einer gestuften Pyramide aus leuchtend gemalten Figuren hinduistischer Gottheiten und Symbolen, die typisch für den extravaganten Stil südindischer Hindutempel sind (im Gegensatz dazu sind die Tempel in Nordindien viel dezenter). Die meisten sind warme, lächelnde und lebensbejahende Darstellungen verschiedener Götter und Göttinnen des hinduistischen Pantheons – ganz im Gegensatz zur Kali-Statue im hinteren Bereich.

Kali wurde in Bengalen in Ostindien, von wo die Arbeiter kamen, die 1881 den ersten Tempel an dieser Stelle errichteten und von der grimmigen Göttin Schutz vor Unheil erwarteten, schon immer sehr verehrt. Auch heute noch besuchen die bengalischen Arbeiter, die für den Bau von Singapurs glänzenden Wohn- und Bürotürmen schuften, den Tempel an ihrem freien Tag, um der Göttin ihren Respekt zu zollen und um Segen zu bitten.

Das englische Wort *thug* (Schurke) stammt vom Sanskrit-Wort *thuggee* ab, das „Tarnung" bedeutet und von einer Bande mafiaähnlicher Mörder übernommen wurde, die im Indien des 13. bis 19. Jahrhunderts ihr Unwesen trieb. Die Mitglieder dieser Gruppe waren dafür berüchtigt, dass sie ihre rituellen Morde im Namen der Hindugöttin Kali beging.

FÄKALIENKLAPPEN ⑤

Die Toiletten der Seitengassen

Gassen hinter Race Course Road & Chander Road – Little India
MRT: Little India

Versteckte Seitengassen können in Singapur faszinierende Orte sein, die es zu erkunden gilt. Blickt man bei einem Spaziergang durch eine dieser Gassen hinter den alten Gebäuden an der Race Course Road und Chander Road in Little India, zwischen der Kerbau Road und der Rotan

Lane, nach unten, fallen einem schnell die quadratischen Vertiefungen in der Größe einer Ofentür, nur wenige Zentimeter über dem Boden, auf. Bei den Öffnungen handelt es sich um stillgelegte Fäkalienklappen, wie man sie auch in den Seitengassen hinter vielen alten Ladenhäusern und Gebäuden in Joo Chiat, Tanjong Pagar, Chinatown und Geylang findet.

Dieses System wurde Mitte des 19. Jahrhunderts eingeführt. Damals verrichteten die Menschen ihr Geschäft in einen Eimer oder auf einem Nachttopf, der unter einem breiten Holzbrett oder unter einem rudimentären Sitz mit einem Loch aufgestellt war. Jeden Morgen machten die Fäkaliensammler dann ihre Runde und sammelten die vollen Eimer ein, indem sie in den Hinterhöfen oder manchmal sogar in separaten Plumpsklos die Fäkalienklappen öffneten und die schmutzigen Behälter herauszogen, mit einem Deckel verschlossen und durch saubere ersetzten. Wenn es keine externe Fäkalienklappe gab, mussten die Sammler in die Behausungen, durch die Wohnungen und manchmal sogar die Treppen hinauf, um die stinkenden Koteimer einzusammeln, und dann das schwere, schwappende Zeug den ganzen Weg zurück zum Ausgang schleppen.

Die Männer trugen die gefüllten Eimer an den Enden einer Stange, die sie auf den Schultern balancierten, und luden sie in eines der 32 Abteile der wartenden Fäkalienwagen oder brachten die Ladung zu Fuß direkt zu Bauernhöfen, um sie als Dünger zu verkaufen. Die Lastwagen brachten die Abfälle zu den Plantagen oder zu verschiedenen Entsorgungsstationen, wo die Eimer, als es noch keine Kläranlagen gab, in die Regenwasserkanäle oder Flüsse geleert, gereinigt und wieder mitgenommen wurden.

In den 1920er-Jahren begann Singapur mit dem Aufbau eines richtigen Abwassersystems, obwohl das Einsammeln der Fäkalien in einigen Ecken Singapurs bis in die späten 1980er-Jahre andauerte.

ORIGINALTOR DES FREIZEITPARKS ⑥
THE NEW WORLD

Tor zu einer anderen Welt

City Square Shopping Mall
Ecke Serangoon Road und Kitchener Road
Little India
MRT: Farrer Park

Ein altes Steintor, das von einem Bogen mit der Aufschrift „The New World" gekrönt wird, führt zum glänzenden City Square Einkaufszentrum in Little India – sonst ist von der bewegten Vergangenheit hier nichts mehr übrig.

Das Einkaufszentrum wurde 2009 an der Stelle errichtet, an der sich einst der Vergnügungspark *The New World* erstreckte und florierte.

Ein Riesenrad, eine Achterbahn, eine Geisterbahn und Kinos zogen Familien an, ebenso wie Jahrmarktspiele, Verlosungen und Zirkusvorstellungen. Malaiische Oper, chinesisches Puppentheater, Boxen und Wrestling waren ebenfalls beliebte Attraktionen. Nicht alles, was angeboten wurde, war ganz jugendfrei – erotische Kabarettvorstellungen begeisterten Männer und Paare ebenso wie knisternde Ballroom-Tänze. Für 1 SGD konnten sich Männer drei Tänze mit einer hübschen jungen Taxi-Tänzerin (Tänzerin zum Mieten) in einem *Cheongsam* kaufen. Fliegende Händler, Snackbars und formelle Restaurants mit kantonesischen und westlichen Gerichten versorgten die Kunden. Der Park florierte mehrere Jahrzehnte lang, bevor er 1987 seinen Betrieb einstellte.

The New World war einer von drei Vergnügungsparks nach dem Vorbild von Parks in Shanghai, die das Nachtleben Singapurs von den 1920er- bis in die 1960er-Jahre beherrschten. *The New World* wurde 1923 erbaut und später von den Gebrüdern Shaw gekauft, die auch den Vergnügungspark *Great World* in der Kim Seng Road betrieben.

Während der Blütezeit von *Great World* soll der Park an einem Abend einen Besucherrekord von 50.000 Menschen erreicht haben. Einheimische und britische Soldaten strömten dorthin, und sogar ausländische Berühmtheiten wie die Schauspielerin Elizabeth Taylor und ihr Mann Michael Todd besuchten den Park, der 1978 geschlossen wurde.

Der dritte Vergnügungspark war Happy World in Geylang – er wurde 1936 eröffnet und im Jahr 2000 geschlossen.

Während der japanischen Besatzung Singapurs (1942–1945) verwandelten die Japaner alle drei *World*-Parks in Spielhöllen für alle, die dort ihr Glück versuchen wollten. Da die Japaner das Glücksspiel besteuerten und so Geld einnahmen, wurden die drei Spielhöllen von den Luftangriffen, mit denen ein Großteil der Insel bombardiert wurde, verschont. Für japanische Soldaten waren die Spielhöllen übrigens tabu.

DIE STADTHÄUSER DER PETAIN ROAD

⑦

Singapurs herausragendste Beispiele für den Rokoko-Chinoiserie-Stil

Petain Road – MRT: Farrer Park

Zwar gibt es in Singapur zahlreiche alte Terrassen- und Ladenhäuser, doch nur wenige sind so beeindruckend wie die 18 zweistöckigen Häuser in der abseits gelegenen Petain Road. Sie sind ein wahres Feuerwerk an Mustern und Farben, das sich inmitten einer ansonsten tristen Umgebung versteckt und gelten für diejenigen, die sich auskennen, als exzellente Beispiele für den Rokoko-Chinoiserie-Stil Singapurs. Sie bestechen durch ein extravagantes Patchwork aus glasierten Keramikfliesen im Peranakan-Stil, die mit Blumenmotiven verziert sind. Der klassische schwarz-weiße Kachelgang, der sich durch die gesamte Häuserreihe zieht, erinnert an chinesische und englische Einflüsse. Vor den korinthischen Säulen und unter den Fenstern des Obergeschosses sind auf ornamentalen Stuckarbeiten auch Tiere dargestellt, die reich an traditioneller chinesischer Symbolik sind – von Pferden (als Symbol für Macht und Freiheit) bis hin zu Vögeln (als Symbol für Liebe, Engagement und Glück). Einige zeigen Tiermotive in *Jian Nian*, einer Mosaiktechnik aus Porzellanstücken. Das Rokoko, ein architektonischer Stil, der sich durch seine übertriebene Ornamentik auszeichnet, war Mitte des 18. Jahrhunderts in Mode. Gleichzeitig begann der Westen, sich für alles Chinesische zu begeistern, und es entwickelte sich als natürliche Erweiterung des Gespürs des Rokoko für Dramatik ein Stil, der als Chinoiserie bekannt wurde. Die Häuser wurden in den blühenden Jahren des malaysischen Kautschuk- und Zinnbooms vor einem Jahrhundert in Auftrag gegeben und von den britischen Architekten J. M. Jackson und seinem Stellvertreter E. V. Miller entworfen und gebaut, der laut dem Historiker Julian Davison überraschenderweise ein überzeugter Modernist in der Tradition des Bauhaus war.

Der Ursprung der Petain Road

Im Jahr 1928 benannte die Stadtverwaltung eine Reihe von Straßen im Viertel zu Ehren bedeutender Generäle und Admiräle des Ersten Weltkriegs um – von Kitchener bis Maude, Tyrwhitt, Sturdee und Beatty. Dazu gehörte auch Pétain, ein französischer Marschall, der dafür ausgezeichnet wurde, dass er Frankreich im Ersten Weltkrieg zum Sieg über Deutschland führte. Im Zweiten Weltkrieg kollaborierte er mit Nazi-Deutschland und wurde anschließend wegen Hochverrats zu lebenslanger Haft verurteilt. Eine Bewegung zur Änderung des Straßennamens hat sich herausgebildet.

JALAN-KUBOR-FRIEDHOF

⑧

Ein weitgehend vergessener muslimischer Friedhof

Kampong Glam
Kreuzung Victoria Straße und Kubor Straße
Immer geöffnet (es gibt keine Tore)
MRT: Lavender

Neben dem geschäftigen Treiben auf der Victoria Street spenden in diesem Friedhof mit seinen verwitterten Grabsteinen Baumgruppen, die aus dem Gestrüpp in die eine oder andere Richtung herausragen, wohltuenden Schatten. Die alten Steine gehören zu etwa 4.000 Gräbern muslimischer Verstorbener, die immer begraben und nie verbrannt werden. Neugierige Besucher sollten sich beeilen, denn die Gräber könnten bald für immer verschwinden, denn die Regierungsbehörden haben diesen Ort für ein Wohnbauprojekt ausgewählt. Im Jahr 2014 begannen Historiker mit der Untersuchung der Steine und entdeckten Inschriften in den unterschiedlichsten Schriften, darunter Arabisch, Malaiisch, Javanisch Aksara, Bugis Aksara, Gujarati, Englisch und Chinesisch. Dies zeugt von der großen Vielfalt der Menschen, die hier ihre letzte Ruhestätte gefunden haben – eine Vielfalt, die auch nicht vor Klassengrenzen haltmachte. Der Friedhof besteht eigentlich aus drei separaten Friedhöfen, die zufällig nahe beieinanderliegen.

Der erste Friedhof wurde einst von dem Kolonialarchitekten G.D. Coleman auf einer alten Karte als *Tombs of the Malayan Princes* (Grabstätten der Malaiischen Prinzen) verzeichnet. In diesem Abschnitt befinden sich die Grabstätten des königlichen Hofes von Sultan Hussein, aber die Gräber waren nicht nur auf das Königshaus beschränkt. Tatsächlich begruben hier so viele Menschen ihre Angehörigen, dass die Regierung die Anlage 1875 wegen Überfüllung und Verfall schloss. Die königlichen Grabsteine sind zwar größer und markanter, doch gibt es hier keinen Stein für den Sultan. Er und sein Sohn wurden beide in Malakka beigesetzt. Zuletzt setzte man auf diesem Freidhof seinen Urenkel Tengku Hussain bin Tengku Haji Ali im Jahr 1954 bei.

Der zweite Teil, die malaiische Begräbnisstätte, war eingezäunt und gut gepflegt. Sie wurde auch als *Aljuneid-Begräbnisstätte* bezeichnet, da hier zahlreiche Gräber dieser Familie zu finden sind, darunter das von Syed Moar und seinem Neffen Syed Alwee bin Ali Aljuneid. Und obwohl der Friedhof 1901 für weitere Bestattungen geschlossen wurde, bestattete die Familie Aljuneid hier noch bis in die 1920er-Jahre ihre Angehörigen.

Der dritte Friedhof wurde 1848 für indische Muslime reserviert, die in der Gegend von Kampong Glam wohnten. Sie errichteten und unterhielten eine Moschee, die *Tittacheri Muslim Cemetery and Mosque*, die sich an der Kreuzung der Victoria Street und Jalan Sultan befindet. Im Jahr 1929 übernahm die *Malabar Muslim Jammaat*, eine aus dem südindischen Bundesstaat Kerala stammende Gruppe, die Moschee und benannte sie in *Masjid Malabar* um (*masjid* bedeutet auf malaiisch „Moschee“).

Dieser Teil des Friedhofs Jalan Kubor wird von der Sanierung verschont bleiben, da den Treuhändern 1911 ein Pachtvertrag über 999 Jahre gewährt wurde.

ZUBIR SAIDS PIANO

⑨

Die Hymne zur Bildung des Staates Singapur

Malay Heritage Center, *85 Sultan Gate*
Di–So 10–18 Uhr
Für Einheimische und Ausländer mit festem Wohnsitz kostenlos; (SGD 4 für Touristen)
MRT: Bugis

Kurz nach der Amtseinführung des Stadtrats von Singapur im Jahr 1958 und angesichts der sich abzeichnenden Unabhängigkeit von den Briten, hielt es der stellvertretende Bürgermeister Ong Pang Boon für eine gute Idee, dass der Stadtrat ein eigenes Musikstück haben sollte, und bat deshalb Zubir Said (1907–1987), dieses zu komponieren. Pak Zubir war einer der bekanntesten und produktivsten Musiker der Region und komponierte Lieder und Soundtracks, die das Goldene Zeitalter des Kinos in Singapur Mitte des 20. Jahrhunderts prägten. Da er gern patriotische Songs komponierte, war er die perfekte Wahl als Komponist einer Nationalhymne, die die verschiedenen ethnischen Gruppen der Insel, die in den Nachkriegsjahren um ihr Zusammenleben kämpften, besänftigen und vereinen sollte. Im Laufe eines Jahres gelang Zubir eine staatstragende Hymne mit einfachen, aber kraftvollen Worten, die bei allen Menschen – Chinesen, Malaien, Inder oder Eurasier – Anklang fand und sie dazu inspirierte, ihre ethnischen Unterschiede zu überwinden. *Majulah Singapura* entstand auf einem englischen Strohmenger-Flügel in Zubirs Haus in der Joo Chiat Road. Nach seinem Tod wurde der Flügel dem National Heritage Board von Singapur überlassen. *Majulah Singapura* wurde erstmals öffentlich am 6. September 1958 als offizielle Hymne der Stadtverwaltung vorgestellt und später, als Singapur die komplette Selbstverwaltung erhielt, gekürzt und für die Verwendung als Nationalhymne angepasst. Ihr Debüt feierte sie am 3. Dezember 1959, als Yusof bin Ishak, Singapurs erstes malaiischstämmiges *Yang di-Pertuan Negara* (Staatsoberhaupt), den britischen Kolonialgouverneur ablöste. 1965, sechs Jahre später, als Singapur von der Föderation Malaysia unabhängig wurde, nahm man *Majulah Singapura* offiziell als Nationalhymne an.

Interessant ist, dass der Mann, der hinter der Nationalhymne steht, eigentlich in Sumatra, Indonesien, geboren wurde. Im Jahr 1928, im Alter von 21 Jahren, wanderte Zubir nach Singapur aus, nur mit dem, was er auf dem Leib trug, und dem Traum, Musiker zu werden. Seine Tochter Dr. Rohana Zubir schreibt in ihrer Biografie *Zubir Said, the Composer of Majulah Singapura*, dass ihr Vater zunächst von den glitzernden Lichtern Singapurs und dem Luxus von Butter und Milchkaffee angezogen war, sich aber bald von den Möglichkeiten, die Singapur bot, verführen ließ und sein Erfolg ihm einen starken Sinn für Loyalität einflößte. Dementsprechend lehnte Pak Zubir jede Entlohnung für die Komposition der Nationalhymne ab – für ihn war das eine Ehrensache.

DIE BÖDEN DER SOJASAUCEN-FLASCHEN AN DER *SULTAN-MOSCHEE*

⑩

Flaschen, die arme Muslime sammelten und spendeten

Kampong Glam, 3 Muscat Street
Mo–Do 10–12 Uhr und 14–16 Uhr; Fr 14.30–16 Uhr; Sa 10–12 Uhr und 14–16 Uhr; sonn- und feiertags geschl.
MRT: Bugis

Die *Sultan-Moschee* gilt als Singapurs Nationalmoschee und befindet sich im islamischen Herzen des Landes, in Kampong Glam, dem ursprünglichen Moslemviertel und Sitz des malaiischen Königshauses. Der in den 1840er-Jahren von Sultan Ali Iskandar Shah, dem ältesten Sohn des ersten Sultans von Singapur, Sultan Hussein, erbaute *Istana* (Palast) steht noch immer in der Nähe.

Die beiden goldglänzenden Zwiebeltürme der Moschee, die von Spitzen mit Halbmond und Sternen gekrönt sind, sind ein markantes Wahrzeichen des Viertels und ein wichtiges Symbol für das muslimische Erbe Singapurs, sowohl in der Vergangenheit als auch in der Gegenwart. Sie werden jeweils von zwei achtstöckigen Minaretten flankiert und sind weithin sichtbar. Was schwerer zu erkennen ist, ist das Band aus Glasflaschenböden, das als bescheidene, aber auffällige Verzierung entlang des Fußes jeder Kuppel angebracht ist. Aus der Ferne sehen sie aus wie dunkle Streifen, aber aus der Nähe und im richtigen Licht funkeln die beiden Ketten aus gläsernen dunkelbraunen Sojasaucenflaschen herrlich subtil.

Die Moschee wurde 1932 an der Stelle einer früheren einstöckigen Moschee fertiggestellt, die Stamford Raffles in den ersten Jahren der Kolonialzeit in Singapur auf Wunsch von Sultan Hussein errichten ließ. Die Moschee wurde in mehreren Etappen gebaut, um die Finanzierung zu sichern und die Gläubigen nicht mehr als nötig zu stören. Die Flaschen wurden von armen Muslimen gesammelt und für den Bau gespendet, da die Verantwortlichen der Moschee wollten, dass auch sie sich als Teil der Gemeinde fühlten. Sie wollten auch, dass die Moschee die Beiträge aller Muslime widerspiegelt – nicht nur die der Wohlhabenden.

Die Moschee wurde von Denis Santry, einem irischen Architekten von *Swan & Maclaren*, einem Unternehmen, das für die Gestaltung vieler bekannter Wahrzeichen Singapurs aus der Kolonialzeit verantwortlich war, im hybriden Indo-Sarazener Baustil errichtet, der damals in Britisch-Indien sehr beliebt war. Die Moschee ist nach Mekka ausgerichtet, was nicht mit der Richtung des Straßenrasters übereinstimmt, und ihre Gebetshalle fasst etwa 5.000 Gläubige.

Die Moschee, die nach einer kürzlich erfolgten Restaurierung wie neu aussieht, ist dafür bekannt, dass sie lokale Besucher und Touristen, die einen Blick hinein werfen wollen, freundlich empfängt.

DAS SCHIEFE MINARETT DER *HAJJAH-FATIMAH-MOSCHEE*

(11)

Der Schiefe Turm von Singapur

4001 Beach Road
MRT: Bugis

Wenn man hinsieht, neigt sich das Minarett der *Hajjah-Fatimah-Moschee* in Richtung der Hauptgebetshalle, was ihm den inoffiziellen Namen „Schiefer Turm von Singapur" einbrachte. Kurz nach ihrer Fertigstellung begann sich die Moschee leicht zu neigen, was auf den sandigen Untergrund zurückzuführen ist. Und es ist auch kein Zufall, dass sich die Moschee an der Beach Road befindet – zur Zeit ihres Baus war dies nämlich tatsächlich ein Strand. In den 1970er-Jahren versuchte man durch Renovierungen die Neigung, die damals weitaus deutlicher war als heute, zu korrigieren. Doch trotz aller Bemühungen steht das Minarett immer noch eindeutig schräg. Doch es gibt hier noch mehr zu betrachten: Das Minarett der Moschee wurde von einem europäischen Architekten entworfen und ähnelt dem Kirchturm der Kirche St. Andrew in Somerset, England. Die Gebetshalle hat eine Kuppel im Indo-Sarazener Stil, und der Eingang wird von einem maurischen Holzbalkon überragt. In den 1930er-Jahren bauten französische Bauunternehmer, chinesische Architekten und malaiische Handwerker die Gebetshalle wieder auf. Das Ergebnis ist eine charmante multikulturelle Mischung aus Ost und West, von den dorischen Kapitellen über den Säulen im europäischen Stil bis hin zu den aus China importierten grün glasierten Keramikdachziegeln und den fein geschnitzten malaiischen Holzornamenten.

Die erste Moschee in Singapur, die nach einer Frau benannt wurde

Hajjah Fatimah (*Hajjah* ist ein Ehrentitel, der muslimischen Frauen verliehen wird, die die Pilgerfahrt nach Mekka unternommen haben) war eine wohlhabende Witwe, die das Handelsgeschäft ihres verstorbenen Mannes zu einem durchschlagenden Erfolg machte. Ihr Haus befand sich ursprünglich an dieser Stelle, wurde aber zweimal ausgeraubt und beim zweiten Einbruch sogar in Brand gesteckt. Aus Dankbarkeit gegenüber Allah, der ihr Leben verschonte, ließ sie 1846 diese Moschee erbauen, die schließlich auch ihren Namen trug und damit zur ersten, nach einer Frau benannten Moschee Singapurs wurde – eine Seltenheit. Als Hajjah Fatimah im Alter von 98 Jahren starb, wurde sie in einem privaten Raum auf der Rückseite der Moschee beigesetzt.

GASSPEICHERRAHMEN

⑫

Die letzten Überreste des historischen Kallang-Gaswerks

Kallang Gasworks, Kallang Riverside Park
MRT: Kallang

Der merkwürdige Kreis von Pfeilern im *Kallang Riverside Park* sieht aus, als wäre er nur ein weiterer Teil der städtischen Parkinfrastruktur – eine Art riesiger Open-Air-Pavillon ohne Dach. Tatsächlich handelt es sich jedoch um die Überreste eines Wahrzeichens aus der Industriellen Revolution, das einst an dieser Stelle stand. Die acht Pfeiler und Verbindungsträger waren die Stützstruktur für den Gasspeicher Nr. 3, einen zylindrischen Stahltank für Gas. Heute sind die Pfeiler alles, was vom *Kallang-Gaswerk* noch übrig ist, das einst zu einem der vier Gasspeicher Singapurs gehörte. Das 1862 von der *Singapur Gas Company* errichtete Werk wandelte Kohle in Gas um, das über Rohrleitungen als Brennstoff für Straßenlaternen verwendet wurde – die erste Anlage dieser Art in Singapur. Die Hokkien-Chinesen kannten die Stadt unter dem Namen Huay Sia, was so viel wie „Stadt des Feuers“ bedeutet, da sie befürchteten, dass die Anlage jeden Moment explodieren könnte. Dies erklärt wahrscheinlich, warum die Anlage rund um die Uhr von *Gurkhas* bewacht wurde, Soldaten nepalesischer Abstammung, die für ihre militärische Stärke bekannt waren. Im Laufe der Jahre erfuhr das *Kallang-Gaswerk* viele Veränderungen. Als die Straßenbeleuchtungen langsam elektrisch wurden – die letzte Gaslaterne Singapurs wurde 1956 gelöscht – wurden die Gasleitungen zum Kochen und zur Warmwasserbereitung in die Haushalte umgeleitet. Das Gaswerk wurde nach über 130 Betriebsjahren 1998 stillgelegt. Vom lokalen Bildhauer Lim Leong Seng wurde in der Nähe des Gasspeichers aus Rohren und Messgeräten der ursprünglichen Anlage ein öffentliches Kunstwerk geschaffen – *The Spirit of Kallang.*

Kommunale Ausschreitungen von 1964

Am 21. Juli 1964 kam es in der Nähe des Kallang-Gaswerks zu gewalttätigen Auseinandersetzungen zwischen einer muslimischen Prozession und chinesischen Schaulustigen, die einen inselweiten Aufstand auslösten, bei dem allein am ersten Tag vier Menschen getötet und 178 weitere verletzt wurden. Die Unruhen fanden vor dem Hintergrund zunehmender politischer Spannungen zwischen der *People's Action Party (PAP)* und der *United Malays National Organisation (UMNO)* in Malaysia statt, nachdem ein Vereinigtes Malaysia gegründet worden war, zu dem auch Singapur gehörte (Singapur blieb Teil von 1963 bis 1965 von Malaysia). In jenem Sommer und Herbst starben bei Unruhen insgesamt 36 Menschen. Seit 1997 wird daher in Singapur jeden 21. Juli der Tag der Harmonie zwischen den Rassen gefeiert.

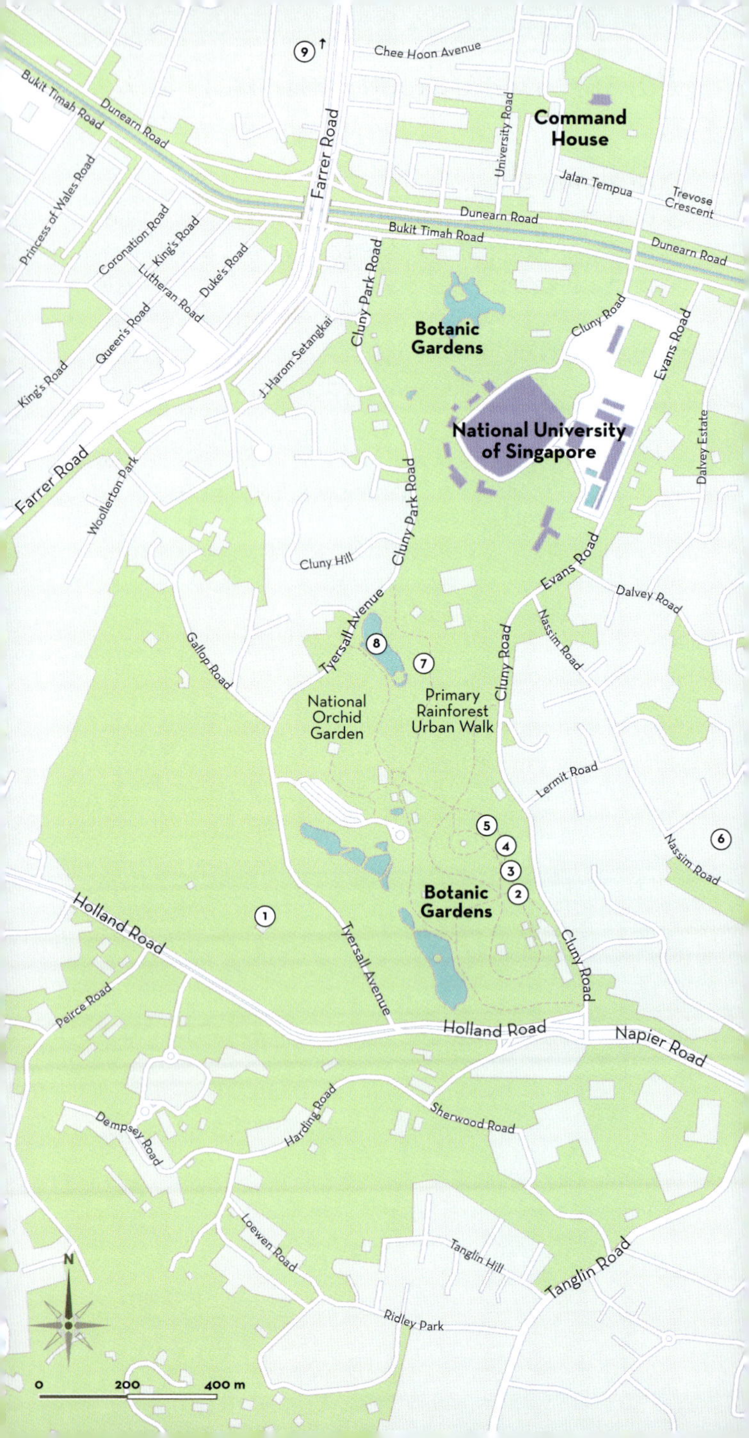

9
Chee Hoon Avenue
Bukit Timah Road
Dunearn Road
Farrer Road
University Road
Command House
Jalan Tempua
Trevose Crescent
Dunearn Road
Bukit Timah Road
Dunearn Road
Princess of Wales Road
Coronation Road
King's Road
Lutheran Road
Duke's Road
Cluny Park Road
Botanic Gardens
Cluny Road
Evans Road
Queen's Road
J. Harom Setangkai
King's Road
National University of Singapore
Dalvey Estate
Farrer Road
Woollerton Park
Cluny Park Road
Cluny Hill
Evans Road
Dalvey Road
Tyersall Avenue
Gallop Road
8
7
Nassim Road
Cluny Road
National Orchid Garden
Primary Rainforest Urban Walk
Lermit Road
5
4
3
2
6
Nassim Road
1
Holland Road
Tyersall Avenue
Botanic Gardens
Cluny Road
Peirce Road
Holland Road
Napier Road
Dempsey Road
Harding Road
Sherwood Road
Loewen Road
Tanglin Hill
Tanglin Road
N
Ridley Park
0
200
400 m

Botanischer Garten und Umgebung

ISTANA WOODNEUK

①

Singapurs anderer Königspalast

Zwischen Holland Road and Tyersall Avenue
MRT: Botanic Gardens

Versteckt auf einer kleinen Anhöhe jenseits der belebten Holland Road, gleich am Südende des Botanischen Gartens, liegen die Ruinen des *Woodneuk House*, eines alten malaiischen königlichen Palastes. Heute sind nur noch die Mauern, die hübschen schmiedeeisernen Balkongeländer, die geschnitzten Belüftungspaneele und die stromlinienförmigen, modernistischen Sonnenschutzlamellen der Fenster von der einstigen Pracht übrig. In diesem Haus versammelte sich einst das Who's who des Singapurs des frühen 20. Jahrhunderts bei eleganten Abendessen und Cocktailpartys, nippte an Champagner aus Bleikristallgläsern und blickte über gepflegte Rasenflächen, die bis zum Schwanensee des Botanischen Gartens reichten.

Das allererste *Woodneuk* wurde 1861 erbaut, wahrscheinlich von William MacDonald, zu dessen unterschiedlichen Geschäften Immobilien, Schifffahrt und Versicherungen gehörten. *Woodneuk* wurde an eine Reihe prominenter Personen vermietet und schließlich von einem von ihnen, Captain John Ross, einem bekannten Händler, Kapitän und Entdecker, erworben.

Sultan Abu Bakar von Johor (1833–1895) fügte das Anwesen seinem benachbarten *Tyersall Palace* hinzu, den er anstelle eines vom Anwalt und Verleger William Napier (nach dem eine nahe gelegene Straße benannt ist) gebauten Hauses errichten ließ. Nach Abu Bakars Tod ging der Besitz mit den beiden Häusern an Sultan Ibrahim (1873–1959), Abu Bakars Erben, über. Ibrahim bevorzugte *Woodneuk* gegenüber dem größeren und formelleren Tyersall. Im Jahre 1905 fiel *Tyersall* einem vernichtenden Feuer zum Opfer, woraufhin das *Woodneuk House* zur offiziellen Singapur-Residenz des Sultans wurde.

Sultan Ibrahim baute das Haus zwischen 1932 und 1935 für die dritte seiner vier offiziellen Ehefrauen, eine Schottin namens Helen Bartholomew (1889–1978), wieder auf. Doch 1938 ließ sich das Paar scheiden. Während der japanischen Besatzung wurde das Herrenhaus als Militärkrankenhaus genutzt und nach Ende des Krieges wohnten mehrere wichtige Persönlichkeiten dort: zwei aufeinanderfolgende Oberbefehlshaber, Sir Miles Dempsey und Sir Montagu Stopford, sowie Malcolm MacDonald, ein Generalgouverneur.

In den späten 1940er-Jahren wurde das *Woodneuk House* renoviert und diente erneut als Residenz des Sultans in Singapur. Das atemberaubende blaue Ziegeldach, das 2006 durch ein Feuer vollständig zerstört wurde, war 1952 angebracht worden. In den 1960er-Jahren gab man das *Woodneuk House* komplett auf, und obwohl es im Besitz der königlichen Familie von Johor blieb, war es bald vom umliegenden Dschungel verschluckt und ist heute mit Ausnahme von wenigen unerschrockenen Entdeckern fast niemandem mehr bekannt.

BIBLIOTHEK FÜR BOTANIK UND GARTENBAU

②

Die Bibel der Botaniker

Singapore Botanic Gardens, *1 Cluny Road – MRT: Botanic Gardens*

Der englische Botaniker Isaac Henry Burkill (1870–1965) trat 1912 die Nachfolge von Henry Ridley als zweiter Direktor des *Botanischen Gartens von Singapur* an. Im Alter von 55 Jahren gab er diesen Posten 1925 auf und verbrachte die nächsten zehn Jahre mit der Erforschung und Zusammenstellung seiner Enzyklopädie *Dictionary of the Economic Products of the Malay Peninsula (Wörterbuch der Wirtschaftsprodukte der malaiischen Halbinsel)*. In dem 2400 Seiten starken, zweibändigen Wörterbuch beschreibt Burkill 4.656 Arten von 1.630 Pflanzengattungen aus 223 Familien und nennt auch ihre volkstümlichen Namen. Es ist eine der umfassendsten Aufzeichnungen über die historische Verwendung tropischer Pflanzen und gilt als unentbehrlich für jeden Wirtschaftswissenschaftler oder Historiker, der über Malaya schreibt. „Es ist nach wie vor eine wichtige Referenzquelle. Es gibt eigentlich kaum andere Schriften, die sich nicht darauf beziehen“, sagt Dr. Nigel Taylor, Direktor des *SBG* von 2011–2019.

Nation der Plantagen: Burkill Hall

Die 1868 erbaute *Burkill Hall* liegt auf dem höchsten Punkt des SBG am Rande des Nationalen Orchideengartens und ist das letzte erhaltene Beispiel eines frühen anglo-malaiischen Bungalows im Plantagenstil von Malaysia und Singapur. Es handelt sich hier nicht um ein klassisches „schwarz-weiß“-Haus Singapurs, aber sein weit ausladendes Dach spendet reichlich Schatten vor der tropischen Sonne, und der Porte-Cochère-Eingang und die Veranda im zweiten Stock sind typische Gestaltungsmerkmale der Plantagenhäuser des 19. Jahrhunderts. *Burkill Hall* wurde als Wohnhaus für den ersten Verwalter des Botanischen Gartens, Laurence Niven (1826–1876), gebaut, und alle ihm folgenden Verwalter bis Richard E. Holttum wohnten ebenfalls dort. Im Jahr 1992 wurde das Gebäude restauriert und zu Ehren von Burkill und seinem Sohn Humphrey Morrison Burkill (1914–2006), der von 1957 bis 1969 ebenfalls Direktor des SBG war, in *Burkill Hall* umbenannt.

DIE TIGERORCHIDEE IM BOTANISCHEN GARTEN

③

Die weltweit älteste und größte Orchidee

1 Cluny Road
Gabelung des Hauptwegs vom Eingang des Botanischen Gartens und der Pergola mit herabhängenden Luftwurzeln (als Wurzelvorhang bekannt)
Tgl. von 5–24 Uhr
MRT: Botanic Gardens

Im Jahr 1861 pflanzte der erste Direktor des Botanischen Gartens von Singapur, Lawrence Niven, eine Tigerorchidee an der Kreuzung zweier Wege, in der Nähe des heutigen Wurzelvorhangs, einer Pergola, die einen langen Saum aus Luftwurzeln besitzt. Die gigantische, fünf Meter breite Orchidee wächst nach all den Jahren immer noch an derselben Stelle und gilt als die älteste und größte Orchidee der Welt. Die massive grüne Pflanze blüht alle ein bis zwei Jahre nach einer Trockenperiode üppig, wobei die Blütenstände zwei bis drei Meter lang sind und Dutzende von goldenen und dunkelviolett gesprenkelten Blüten tragen. Wenn sie nicht blüht, bleibt das unscheinbare Grün unbemerkt. Zu ihrem eigenen Schutz wurde vor einigen Jahren ein Zaun um die Tigerorchidee errichtet, um ihr Auswuchern zu bändigen. Diese Tigerorchidee ist eine symbolische Erinnerung daran, dass im Singapur des 19. Jahrhunderts wilde Tiger umherstreiften und dass der Botanische Garten in den späten 1800er-Jahren einen Zoo mit Tigern in Käfigen einrichtete (der Zoo wurde 1905 geschlossen).

Es wird angenommen, dass die riesige umzäunte Tigerorchidee ein wildes Exemplar aus Singapur ist – eine durchaus interessante wissenschaftliche Entwicklung, wenn man bedenkt, dass die wild wachsende Tigerorchidee bis vor kurzem als ausgestorben galt.

Singapurs Botanischer Garten war führend bei der Entwicklung innovativer Orchideenzuchttechniken, die die florierende Orchideenindustrie Singapurs seit den 1920er-Jahren gefördert haben, seit der Direktor des *SBG*, Prof. Eric Holttum, mit Programmen zur Orchideenkreuzung und Samenkeimung begann – mit dem Ergebnis, dass der *SBG* heute mehr als 600 Orchideenhybride registriert hat.

PFEILE AUF ZIEGELSTEINEN

④

Ein stiller Protest der Kriegsgefangenen des Zweiten Weltkriegs

Singapore Botanic Gardens, *1 Cluny Road*
MRT: Botanical Gardens

Die gewöhnlich aussehenden roten Backsteinstufen in der Nähe des Pflanzenhauses des *Botanischen Gartens von Singapur* sind schon Millionen Menschen hinauf- und hinabgestiegen, aber nur wenige blicken hinunter und bemerken die kleinen Pfeile, die in viele der Stufen eingeritzt sind. Die für diese Stufen verwendeten Ziegelsteine wurden von australischen Kriegsgefangenen im *Changi-Gefängnis* während der japanischen Besatzung Singapurs zwischen 1942 und 1945 gefertigt. In diesen drei Jahren übernahmen die Japaner die Kontrolle über den Botanischen Garten und ernannten den bekannten japanischen Botaniker Kwan Koriba zu seinem Direktor.

Die Japaner gaben sich große Mühe, den Garten in gutem Zustand zu halten, da sie ihn als wertvolle Ressource für das Weltreich betrachteten, das sie aufzubauen und zu erhalten hofften. Während die Japaner den Botanischen Garten, das *Raffles-Museum* und die Bibliothek liebevoll behandelten, sah es bei den Kriegsgefangenen unter ihrem Kommando ganz anders aus. Die Japaner waren ihren Gefangenen gegenüber sehr brutal und gaben den Männern, die sie zu harter Arbeit in der tropischen Sonne zwangen, kaum Nahrung und Wasser. Um einen Hauch von Kontrolle über ihr ansonsten erbärmliches Dasein zu haben, beschlossen die mit der Herstellung der Ziegelsteine beauftragten Kriegsgefangenen, kleine Pfeile in die Ziegel zu ritzen, bevor sie sie brannten – eine Art stiller Protest, den die Japaner nicht verstanden hätten. In Singapur wurden Pfeile regelmäßig verwendet, um Regierungseigentum und Vermessungspunkte zu markieren, und sie dienen auch heute noch dazu. Überall auf der Insel sieht man sie in Bürgersteige und Einfahrten eingelassen. Jahrzehntelang blieben die Markierungen unentdeckt, doch dann besuchte im August 1995 eine Gruppe von acht ehemaligen australischen Kriegsgefangenen den *SBG* und bat darum, ins Pflanzenhaus geführt zu werden. Sie waren schockiert und sehr bewegt, als sie sahen, dass die Ziegelsteine, die sie hergestellt und als Weg verlegt hatten, noch intakt waren.

DIE SKULPTUR DES MÄDCHENS AUF DER SCHAUKEL

⑤

Den Kindern Singapurs gewidmet

Singapore Bontanic Garden, *Tanglin Gate an der Cluny Road und Napier Road*
Tgl. von 5–24 Uhr; Eintritt frei
MRT: Botanic Gardens

Gleich hinter einer Hecke in der Mitte des Botanischen Gartens, in der Nähe des alten Musikpavillons, schwebt ein Mädchen fröhlich auf einer Schaukel, die in der Luft zu hängen scheint. Diese anmutige, versteckte Bronzeskulptur *Girl on a Swing* stammt von dem bekannten britischen Bildhauer Sydney Harpley (1927–1992).

Das Werk wurde von David Saul Marshall (1908–1995), dem ersten Ministerpräsidenten von Singapur und Botschafter in Frankreich, in Auftrag gegeben. Marshall, der auch Singapurs größter Straf- und Verfassungsrechtler war, verliebte sich in Harpleys Arbeit und bestellte die Skulptur, bestand aber darauf, dass das Mädchen ein malaiisches und kein europäisches Mädchen darstellen sollte.

Marshall schickte Harpley mehr als 30 Fotos einer jungen malaiischen Fabrikarbeiterin, um ihm eine Vorstellung von dem zu geben, was ihm vorschwebte. Das Ergebnis ist ein lächelndes Mädchen ohne Schuhe in einem traditionellen *Sarong-Kebaya*, das fröhlich durch die Luft schwingt. Die 1984 entstandene Bronze war die erste von drei von Marshall in Auftrag gegebenen und an den Botanischen Garten von Singapur gestiftete Skulpturen. Alle drei Skulpturen – die beiden anderen sind *Girl on a Bicycle (Mädchen auf dem Fahrrad)* und *Lady in a Hammock (Dame in der Hängematte)* – sind den Kindern von Singapur gewidmet und wurden im Botanischen Garten aufgestellt.

Obwohl Marshall *Girl on a Swing* für 30.000 SGD in Auftrag gab, behielt sich Harpley das Recht vor, bis zu sechs identische Kopien des Werks herzustellen. *Girl on a Bicycle* hingegen war kein Auftragswerk, es wurde von Harpley spontan geschaffen und erstmals 1977 ausgestellt. Das im Botanischen Garten aufgestellte Werk war die letzte von sieben identischen Skulpturen, die aus derselben Form gegossen wurden, und sollte an einen Kunsthändler verkauft werden. Doch Marshall konnte Harpley überreden, sie ihm zu verkaufen – und er schenkte sie 1987 dann dem Botanischen Garten.

Lady in a Hammock entstand ursprünglich 1981 und war als *Nude in a Hammock (Nackte in der Hängematte)* bekannt. Marshall vermachte auch sie dem Botanischen Garten – im Jahr 1989. Die Harpley-Skulpturen waren die ersten, die gestiftet und im Botanischen Garten aufgestellt wurden, der 2015 zum UNESCO-Weltkulturerbe erklärt wurde.

DER FAHNENMAST VON *EDEN HALL*

6

Möge der Union Jack für immer hier wehen

28 Nassim Road – MRT: Botanic Gardens

Seit 1957, als die 1904 erbaute *Eden Hall* an die britische Regierung verkauft wurde, erhebt sich ein Fahnenmast im vorderen Rasenstück über einer kleinen Gedenktafel an seinem Sockel, auf der zu lesen ist: *Möge der Union Jack für immer hier wehen.* Und in der Tat ist *Eden Hall* seither die Residenz der verschiedenen britischen Vertreter in Singapur und seit 1965 auch des Hochkommissars.

Bevor das zweistöckige Herrenhaus im Edwardianischen Stil, das wegen seines verschnörkelten weißen Verputzes auch „Hochzeitstorte“ oder *Wedgwood House* genannt wird, in den Besitz der Briten überging, gehörte es dem jüdischen Geschäftsmann Ezekiel Saleh Manasseh aus Bagdad. Der wohlhabende Kaufmann machte sein Vermögen im Reis- und Opiumhandel und errichtete die prächtige 1.300 Quadratmeter große Villa an der noblen Nassim Road auf einer ehemaligen Muskatnussplantage – seine Initiale „M“ ließ er in die Achsen der schmiedeeisernen Innenbalustrade einarbeiten. Eden Hall wurde vom britischen Architekten R. A. J. Bidwell von *Swan & Maclaren* entworfen, einer lokalen Firma, die während der Kolonialzeit für den Bau vieler prominenter Immobilien in Singapur verantwortlich war.

Nachdem Manasseh das Haus eine Zeit lang vermietet hatte, zog er 1916 mit seiner Braut, einer englischen Witwe namens Elsie Trilby Bath, und ihren beiden Kindern dort ein. Ihr Sohn Vivian besuchte die Schule in Australien und England, kehrte dann nach *Eden Hall* zurück und begann, für eine Kautschukmaklerfirma in Singapur zu arbeiten. Er genoss sein Leben als wohlhabender, geselliger Auswanderer, bis der Zweite Weltkrieg ausbrach und die schönen Zeiten vorbei waren. Vivian schloss sich den *Singapur Volunteer Forces* an und wurde nach dem Fall von Singapur in ein Arbeitslager in Hokkaido, Japan, gebracht. Sein Stiefvater Manasseh wurde im *Changi-Gefängnis* interniert und verstarb im Gefängniskrankenhaus in der Sime Road.

Während der japanischen Besatzung wurde *Eden Hall* von den Japanern als Offiziersmesse genutzt und glücklicherweise weiterhin gepflegt. Als Vivian nach dem Krieg nach Singapur zurückkehrte, gelangte das Haus wieder in seinen Besitz. Und bevor er sich schließlich nach Australien zurückzog, verkaufte er es an die britische Regierung.

DENKMAL FÜR SINGAPURS ERSTEN GUMMIBAUM

⑦

Wo der erste Gummibaum Singapurs gepflanzt wurde

Singapore Botanic Gardens, *1 Cluny Road, Eingang Tanglin Gate*
MRT: Botanic Gardens

Hinter der Symphoniebühne, neben Büscheln blühender Helikonien im Zentrum des *Botanischen Gartens von Singapur (SBG)*, markiert ein klobiger Baumstumpf den Ort, an dem 1877 der erste Gummibaum in Singapur gepflanzt wurde. Dieser Baum ist zwar nicht mehr vorhanden, aber in der Nähe des Botanischen Gartens wachsen seine Urenkel.

Bevor Gummibäume im Fernen Osten gepflanzt wurden, musste man die lange Reise nach Brasilien antreten, um an die Kautschukmilch von wild wachsenden Bäumen zu kommen. Als der schottische Chemiker Charles Macintosh 1823 ein Verfahren zur Herstellung wasserdichter Kleidungsstücke patentierte, das zur Erfindung des Regenmantels und einer Reihe anderer wichtiger Produkte führte, wollten britische und europäische Geschäftsleute unbedingt Kautschuk in der Nähe ihrer Heimat ernten. Im Jahr 1876 nahm der englische Entdecker Henry Wickham die Herausforderung an und schmuggelte rund 7.000 Kautschukbäumchen in losen Wollbündeln, die mit Bananenblättern umwickelt waren, aus Brasilien nach Kew Gardens in England.

Die Setzlinge wurden im *Royal Botanical Garden* in London gezüchtet und an britische Kolonien in der ganzen Welt verschickt – darunter 22 nach Singapur und Malaya (wie Malaysia damals hieß). Von diesen wurden im Jahr 1877 elf Exemplare im Botanischen Garten in Singapur gepflanzt und gediehen angesichts des tropischen Klima ähnlich wie am Amazonas hervorragend.

Der vom Kautschuk besessene Ridley

Als Henry Ridley (1855–1956) 1888 in Singapur eintraf, um die Leitung des Botanischen Gartens zu übernehmen, gab es im *SBG* etwa 1.100 Kautschukbäume, aber es bestand kein Interesse am kommerziellen Anbau von Kautschuk. Der zielstrebige Ridley machte es sich zur persönlichen Aufgabe, einheimische und europäische Pflanzer zum Kautschukanbau zu ermutigen. Bereits 1896 wuchsen auf den ersten Plantagen in Malaya Kautschukbäume, und 1910 war der Kautschuk dann reif für die Vermarktung. Perfektes Timing, denn dank der Massenproduktion von Autos zu Beginn des 20. Jahrhunderts wurde Malaya zum weltweit größten Kautschukproduzenten, einen Titel, den es jahrelang innehatte. Dr. Nigel Taylor, Direktor der *SBG* (2011–2019), schätzt, dass etwa 70 Prozent der heute weltweit gewonnenen Kautschukmilch aus Südostasien stammt und dass die elf Gummibäume, die damals im *SBG* gepflanzt wurden, den Anfang markierten.

Geniale Anzapfmethode

Wichtiger als Ridleys eifriges Werben für den Kautschukanbau war seine Methode zum Anzapfen der Bäume, um ihre klebrige Milch zu gewinnen, die zu Kautschukplatten verarbeitet wurde. Mit Ridleys „Fischgrätenmethode konnte man die Kautschukbäume fast täglich anzapfen, ohne die Bäume ernsthaft zu schädigen. Diese Methode wird heute noch angewandt.

HÖLZENER PFEIL

⑧

Die Stelle, an der 1914 der Erdmagnetismus gemessen wurde

Singapore Botanic Gardens
Symphony Lake, Breitengrad 1789 N und Längengrad 103,48
MRT: Botanic Gardens

In der Mitte des Symphony Lake im *Botanischen Garten von Singapur (SBG)* scheint ein einfacher Holzpfeil auf einem Pfosten auf eine Reihe von Bäumen zu weisen. In Wirklichkeit jedoch zeigt er nach Norden in Richtung Greenwich in London, England. Dieser Pfeil markiert die Stelle, an der im Jahr 1914 von Wissenschaftlerteams des *Royal Greenwich Observatory* in England und der *Carnegie Institution for Science* in Washington DC, USA, der Erdmagnetismus gemessen wurde. Die Markierung wurde gesetzt, um dieses wichtige Merkmal kontinuierlich messen zu können. Das Magnetfeld der Erde, das vom Erdkern in die Atmosphäre ausstrahlt, wirkt wie ein Schutzschild, das den Planeten vor rauen Sonnenwinden und kosmischer Strahlung bewahrt – ohne es könnten wir nicht leben. Ursprünglich war der hölzerne Pfeil eine steinerne Markierung inmitten von Reihen verschiedener Pflanzen in einer Gärtnerei, die hier im trockenen Boden wuchsen, bevor 1976 der Symphony Lake angelegt wurde.

Profitable Gärten

Während der *SBG* heute als wunderschöner, friedlicher und grüner Ort gilt, an dem man spazieren gehen, joggen oder ein Picknick mit Familie und Freunden machen kann, wurde er anfangs in erster Linie als Forschungseinrichtung und Wirtschaftsunternehmen gegründet, in dem Ideen keimten und zu gewinnbringenden Geschäften entwickelt wurden. Besonders erfolgreich war der *SBG* in der Orchideenzucht, und auch der Kautschukboom in Malaya und Singapur vor einem Jahrhundert nahm hier seinen Anfang. Die ersten Gummibaum-Setzlinge, die aus England nach Südostasien kamen, wurden 1877 hier gepflanzt und begannen einige Jahrzehnte später, Latex zu produzieren.

DER KALENDER DER KRIEGSGEFANGENEN DES ZWEITEN WELTKRIEGS

Eine Karte von Singapur, verborgen unter Farbschichten

Fassade des schwarz-weißen Hauses, Adam Park Nr. 5 – MRT: Botanic Gardens

Man stelle sich vor, man kratzt von der Wand eines Zimmers Farbe ab, um die Wand neu zu streichen, und stößt urplötzlich auf eine Botschaft aus der Vergangenheit – von Kriegsgefangenen, die vor Jahrzehnten hier interniert waren. So erging es einem Bewohner von Adam Park Nr. 5 –

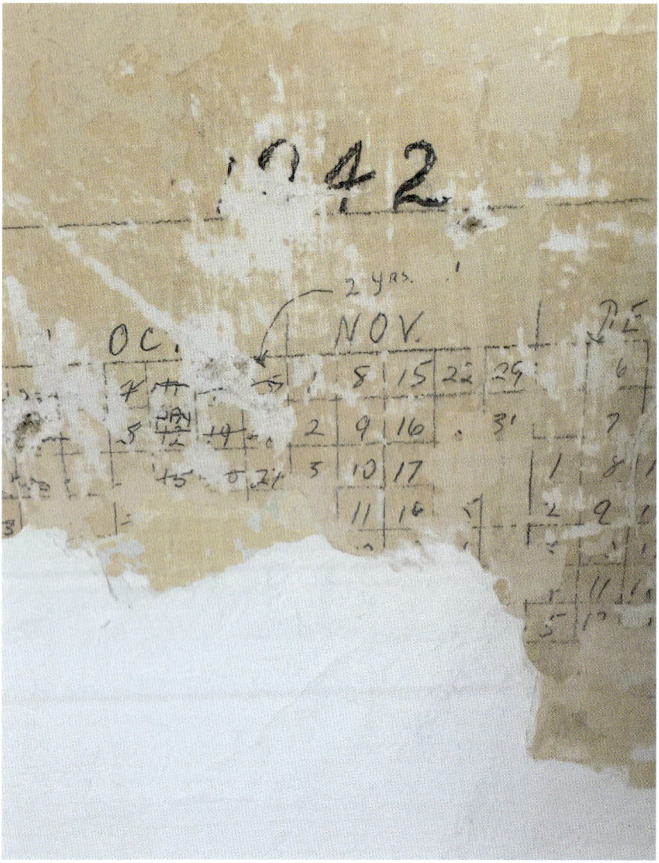

er entdeckte unter Farbschichten eine Karte von Singapur, auf die Daten gekritzelt waren. Die schwarz-weißen Häuser in Singapur wurden während der Kolonialzeit zur Unterbringung von Militäroffizieren gebaut, aber nur wenige wissen, dass sie auch alliierte Kriegsgefangene beherbergten. Ihre Geschichte kommt durch die Bemühungen des Adam-Park-Projekts, der ersten umfassenden archäologischen Untersuchung eines Schlachtfelds und Kriegsgefangenenlagers aus dem Zweiten Weltkrieg in Singapur, langsam ans Tageslicht. Die mit Bleistift geschriebenen Kalenderdaten reichen von September bis Dezember 1942 und wurden vermutlich von einem Mitglied der australischen 8. Division Signals geschrieben. Den Forschern zufolge zählt der Kalender die Tage, bis die Kriegsgefangenen für ihre Arbeit am *Syonan-Jinja-Schrein* am nahegelegenen MacRitchie-Stausee bezahlt wurden – sie erhielten alle 14 Tage 10 Cent pro Arbeitstag.

Ein weiteres Kriegsgefangenen-Wandgemälde

Im Rahmen des Adam-Park-Projekts wurden auch Wandmalereien im Haus Adam Park Nr. 11 freigelegt, wo sich die Kapelle für Kriegsgefangene befand – die zweite dieser Art in Singapur neben der im *Changi-Gefängnis*. Hauptmann Eric Andrews baute die Kapelle im zweiten Stock über der Lagerkantine, während er Teile des Hauses reparierte, das gesprengt worden war, und schuf neben anderen Wandmalereien ein Bild von Maria Magdalena vor dem Grab, in dem Jesus zur Ruhe gelegt worden war. Anstelle ihres Gesichts klebte Kapitän Andrews jedoch das Gesicht der amerikanischen Schauspielerin Dorothy Lamour auf, das er aus einer Zeitschrift ausgeschnitten hatte.

Insgesamt lebten die Kriegsgefangenen von März 1942 bis Januar 1943 in diesem Lager. Adam Park war Schauplatz einer erbitterten Schlacht und beherbergte anschließend etwa 2.000 australische und 1.000 britische Gefangene. Diejenigen, die die Tortur überlebten, wurden später nach *Changi* geführt oder mit dem Zug nach Thailand gebracht, um an der Thai-Burma-Eisenbahnstrecke zu arbeiten, wo viele starben. Der Schlachtfeldarchäologe Jon Cooper verbrachte Jahre in Singapur mit Ausgrabungen in Adam Park – er und seine Freiwilligen gruben mehr als 1.000 Relikte aus, die die Geschichte der Schlachten des Zweiten Weltkriegs und das Leben der Kriegsgefangenen im Adam Park erzählen. Um die Erinnerung an dieses düstere Kapitel der Geschichte Singapurs zu bewahren, gründete Cooper das virtuelle Museum *AdamParkProject.com.*

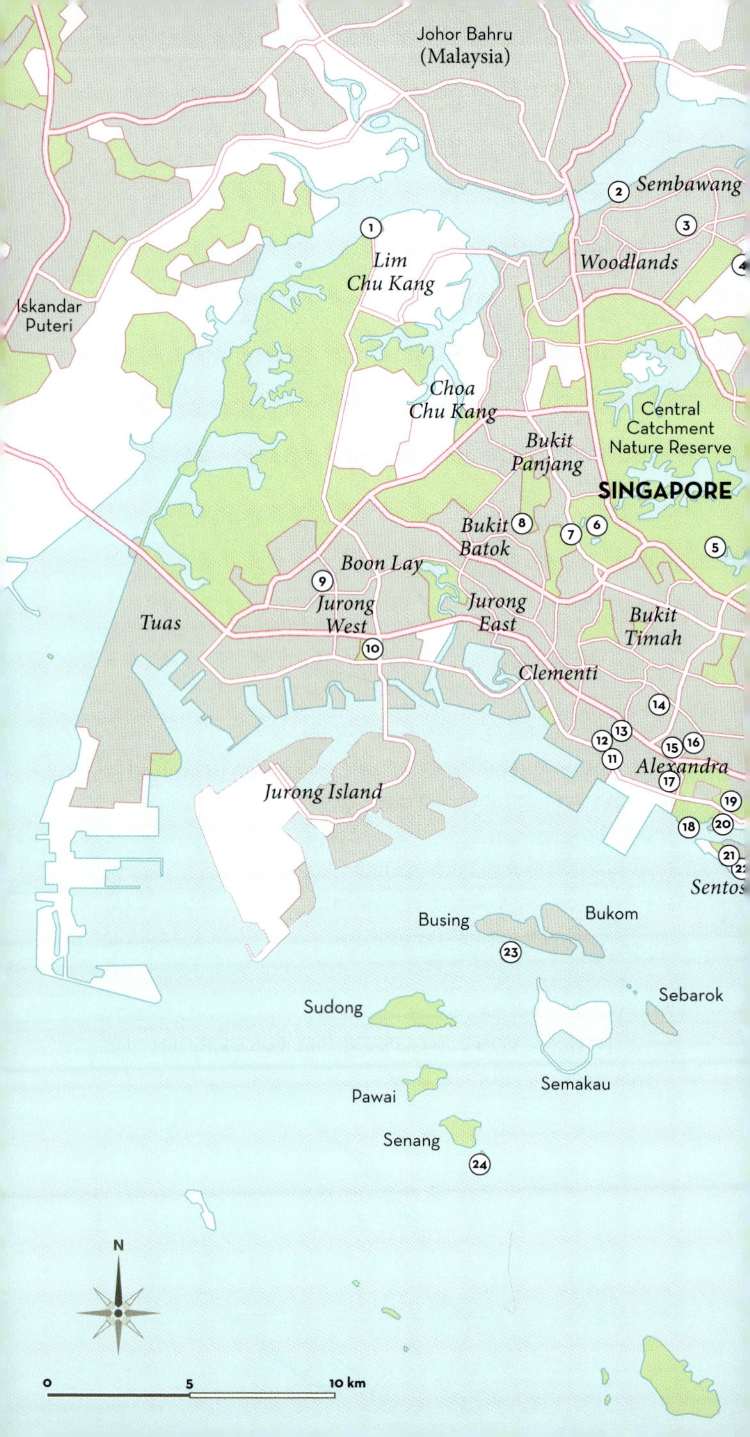

Johor Bahru
(Malaysia)
Sembawang
Woodlands
Lim
Chu Kang
Iskandar
Puteri
Choa
Chu Kang
Central
Catchment
Nature Reserve
Bukit
Panjang
SINGAPORE
Bukit
Batok
Boon Lay
Jurong
West
Jurong
East
Tuas
Bukit
Timah
Clementi
Alexandra
Jurong Island
Busing
Bukom
Sudong
Sebarok
Semakau
Pawai
Senang
N
0
5
10 km

Bukit Timah, Südküste, Jurong und der Norden

DER PIER IN LIM CHU KANG

1

Wochenendausflug für eine wohlhabende Familie

Ende der Lim Chu Kang Road
MRT: Choa Chu Kang und Buslinie 975 bis Küstenwache (34009)

Der Pier ist ein jahrhundertealter Pavillon am Meer, der auf einem Landungssteg errichtet wurde, der sich im abgelegenen Nordwesten Singapurs am Rande eines Mangrovenwaldes weit ins Watt hinaus erstreckt. Am besten ist er vom Ende der Lim Chu Kang Road aus zu sehen. Der Pier war für die wohlhabende Familie Cashin ein Zufluchtsort wie kein anderer – jedoch nur einer von mehreren Wohnsitzen der Familie.

Während der Pavillon aus den 1920er-Jahren stammt, geht die Struktur, auf der er steht, auf das Jahr 1906 zurück. Wie der Name vermuten lässt, diente er ursprünglich als Anlegestelle für Boote, die den Transport von Kautschuk auf dem Seeweg von Alexander William Cashins Anwesen nach Kranji, ebenfalls an der Nordküste Singapurs, ermöglichten. Von Kranji aus konnten die Waren dann auf der Straße zum Hafen im Süden Singapurs transportiert werden. Der Kautschukanbau, der in den späten 1880er-Jahren in Singapur eingeführt wurde, beherrschte um die Jahrhundertwende weite Teile der ländlichen Gegend Singapurs, darunter auch den abgelegenen Nordwesten.

Als der Pier mit der Einrichtung von Landverkehrsverbindungen überflüssig wurde, baute Cashin an seinem Ende einen Pavillon als Rückzugsort am Meer. In den 1960er-Jahren zog Cashins Sohn Howard mit seiner Frau dort ein und wohnte hier bis zu seinem Tod im Jahr 2009. Danach ging der Pavillon in Staatsbesitz über, und nachdem er mehrere Jahre lang leergestanden hat, wird er nun als Besucherzentrum für einen neuen Westeingang ins vogelreiche Gebiet der Sungei Buloh Wetland Reserve eingerichtet.

Die Anziehungskraft dieses Ortes liegt unbestritten an seiner Abgeschiedenheit und an dem Ausblick auf die westliche Straße von Johor, die Singapur von Malaysia trennt. Der bedeutendste Besucher des Piers, Sultan Ismail von Johor, fuhr mit dem Boot aus Malaysia hierher. Und der Großvater des jetzigen Sultans kam oft zum Tee zu den Cashins.

Der Anfang vom Ende

Auch im Zweiten Weltkrieg landeten die ersten Invasionstruppen der 5. Division der Kaiserlichen Japanischen Armee in einer dunklen und schicksalhaften Februarnacht des Jahres 1942 von der anderen Seite des Wassers hier an. Ein tapferer Versuch der Australischen 22. Brigade, das Gelände zu verteidigen, schlug jedoch fehl und nur eine Woche später verloren schätzungsweise 360 Soldaten im Vorspiel zu Großbritanniens „größter Kapitulation“ ihr Leben.

ANLEGESTELLE IM WALD

②

Einer der besten Plätze für spektakuläre Sonnenuntergänge

Woodlands Waterfront Park
Buslinie 856 vom MRT: Yishun – nach der Haltestelle RMN Barracks (47019)
Buslinie 856 vom MRT: Woodlands – vor der Haltestelle RMN Barracks (47011)

In ganz Singapur hat keiner der anderen Parks das, was der elf Hektar große *Woodlands Waterfront Park* an der Nordküste Singapurs besitzt – diesen großen, öffentlich zugänglichen, langen, L-förmigen und elf Meter breiten Steg. Die Angler wissen das, und es scheint, dass dort immer jemand gerade angelt. Der Steg ist auch ein beliebter Ort für versierte Spaziergänger, die wissen, dass das hier einer der besten Plätze Singapurs ist, um wunderschöne Sonnenuntergänge zu erleben, ganz zu schweigen von den Ausblicken auf die Küste und die Straße von Johor – die südlichste Stadt Malaysias, *Johor Bahru*, liegt nämlich direkt gegenüber.

Bis 1997 Teil der Königlich Malaysischen Marine

Die 1966 erbaute Anlegestelle wurde nicht immer nur zur Erholung genutzt, sondern diente als Teil des riesigen Marinestützpunkts der britischen Admiralität als Anlegeplatz für Schiffe, die die Marineflagge trugen – nicht die des neuen unabhängigen Singapurs oder Großbritanniens, sondern die von Malaysia, dem Land jenseits der Meerenge. So schwer es auch ist, sich ein solches Arrangement vorzustellen, insbesondere in Anbetracht der Beziehungen zwischen den beiden Ländern, so war die Anlegestelle doch Bestandteil der Hauptmarinestützpunkts der *Royal Malaysian Navy (RMN)*. Zunächst als *HMS Malaya* bekannt, ist der Standort des Stützpunkts eng mit der gemeinsamen Geschichte beider Länder verbunden. Als die *Malaiischen Seestreitkräfte (MNF)* 1949 gegründet wurden, war die Wahl des Standorts innerhalb des britischen Marinestützpunkts durchaus sinnvoll. Singapur, auch wenn es damals als eigenständige Einheit regiert wurde, galt immer als Teil eines größeren Malayas. Die *MNF* wurde 1952 zur *Royal Malayan Navy* und 1963, als Singapur mit Malaya zu Malaysia fusionierte, zur Royal Malaysian Navy. Die Ehe zwischen Singapur und Malaysia hielt nicht lange, und im August 1965 trennten sich die beiden Staaten. Die Trennungsvereinbarung erlaubte es Malaysia, seine militärischen Einrichtungen in Singapur zu behalten. Die *RMN* nutzte *Woodlands* als ihren Hauptstützpunkt bis 1979, als ein neuer Stützpunkt in Lumut im Norden Malaysias fertiggestellt wurde, doch räumte sie den Stützpunkt damals nicht und nutzte ihn bis Dezember 1997 weiter, als er an Singapur übergeben wurde. Teile des ehemaligen *KD Malaya* wurden später zum *Woodlands Waterfront Park* entwickelt, der im Mai 2010 seine Tore öffnete.

DIE DACHTERRASSE DER *KAMPUNG ADMIRALTY*

③

Grüne Stadtarchitektur

676 Woodlands Drive 71
Tgl. von 6–22 Uhr; Eintritt kostenlos
MRT: Admiralty

Während fast jedes ländliche *Kampung* (*kampung* bedeutet *Dorf* auf Malaiisch) in Singapur abgerissen wurde, um Platz für die sich rasant ausbreitende Stadt zu schaffen, wurde ein bestimmter Stadtblock auf geniale Weise so gestaltet, dass er einige der besten Aspekte des *Kampung*-Lebens in sich vereint.

Die oberen Stockwerke der *Kampung Admiralty* liegen abseits des geschäftigen Treibens der Stadt und öffnen sich zu einem prächtigen Dach – einem „vertikalen *Kampung*", wie einige Leute es nennen. Das Dach bildet in der Tat die Idee eines vertikalen Dorfs mit Bäumen, Sträuchern und üppigem Grün auf mehreren Ebenen nach, die wie stufenförmige Terrassen an einem Hang angelegt sind.

Ein absoluter architektonischer Geniestreich, denn dieser Block wurde speziell für ältere Bewohner entworfen, die sich ans Leben im *Kampung* erinnern und aus der Nähe zur grünen Umgebung eine tiefe nostalgische Bedeutung ableiten.

Zur Freude der Bewohner gibt es in den Gärten eine gemeinschaftliche Farm und einen Obstgarten mit einheimischen Obst-, Gemüse- und Kräuterarten sowie Parkeinrichtungen, die die älteren Bewohner der 104 Wohnungen der *Kampung Admiralty* dazu anregen, Zeit inmitten der Natur und der Gemeinschaft zu verbringen – und das alles in einem knapp einen Hektar großen städtischen Wohnblock.

Die Genialität von *Kampung Admiralty* hört damit nicht auf – der gesamte Block ist ein Experiment zur Gestaltung städtischer Gemeinschaften für eine älter werdende Bevölkerung. Während in den oberen Stockwerken altersgerechte Wohnungen und Gemeinschaftsgärten untergebracht sind, befindet sich in den unteren Stockwerken ein großer überdachter Platz im Freien für gemeinschaftliche und öffentliche Aktivitäten, darunter ein ambulantes medizinisches Fachzentrum mit Wartebereichen, die auf die Gärten, Geschäfte und ein Straßenhändler-Zentrum zeigen. Außerdem gibt es einen *Active Ageing Hub* („Bereich für aktives Altern") mit gemeinsamen Tagesbetreuungen für Senioren und Kleinkinder. Die 2017 fertiggestellte *Kampung Admiralty* wurde von dem in Singapur ansässigen Büro *Woha Architects* entworfen, das für seine auf Natur und Nachhaltigkeit ausgerichteten Konzepte internationale Anerkennung erhalten hat.

Gebäude des Jahres 2018

2018 wurde die *Kampung Admiralty* auf dem renommierten *World Architectural Festival* zum Gebäude des Jahres gekürt.

SEMBAWANGS HEISSE QUELLEN ④

Singapurs einzige Thermalquellen, versteckt in einer Militäranlage

Sembawang Military Base, *Gambas Avenue*
Tgl. von 7–9 Uhr; Eintritt kostenlos
MRT: Yishun zur Buslinie 858 oder 969; gegenüber Block 115B (57121)

In diesem nördlichen Vorort befinden sich die einzigen Thermalquellen der Hauptinsel, die *Sembawang Hot Springs* – versteckt in einer Militäranlage. Das schwefelhaltige Wasser der Quellen wird von allen mit Hautproblemen und Rheumabeschwerden geschätzt. Das Militärpersonal gestattet der Öffentlichkeit tagsüber den Zugang zu den Quellen – vor kurzem wurde das Gelände sogar aufgehübscht und heißt jetzt *Sembawang Hot Spring Park*. Ein Tor an der Nordseite der Militäranlage an der Gambas Avenue führt zu einem Weg, der bei den Quellen endet. Dort wird man feststellen, dass sie nicht gerade aus dem Bilderbuch stammen – ihr Wasserfluss wird auf eine sehr lokale Art und Weise durch Wasserhähne kontrolliert, und das Wasser mit Eimern aufgefangen. Trotz des starken Geruchs nach faulen Eiern findet man in der Regel viele Leute, die hier ihre Füße einweichen. Manche bringen auch tatsächlich Eier mit, die in Behältern unter den Wasserhähnen langsam gegart werden. Die Quellen wurden 1908 auf

dem Land von Seah Eng Keong entdeckt. Seahs Vater, Seah Eu Chin, war ein bekannter Kaufmann und der Gründer der *Ngee Ann Kongsi* (einer Clan-Vereinigung), die in der Gegend Gambir (einen Farb- und Gerbstoff) und Pfeffer anbaute. Sein ebenso geschäftstüchtiger Sohn Seah ließ das Wasser in Flaschen abfüllen, bevor *Fraser and Neave* (*F&N*) – ein bekannter lokaler Abfüller – die Quellen 1921 kaufte. Die Abfüllung wurde jedoch durch den Krieg unterbrochen. Die Japaner, bekannt für ihre Vorliebe für Thermalbäder, nutzten die Quellen auf diese Weise, bis die alliierten Bombenangriffe im November 1941 den Wasserfluss stoppten. Erst 1967 nahm *F&N* die Abfüllung unter der Marke *Seletaris* wieder auf. Mitte der 1980er-Jahre wurde das Gelände von der Regierung erworben.

Auf dem Areal der ehemaligen Abfüllanlage, direkt gegenüber der Quelle, befindet sich heute eine Wohnanlage mit dem Namen Seletaris. Die Quellen selbst wurden in den 1990er-Jahren Teil eines Militärstützpunkts, und die Anwohner nutzten die stillgelegten Quellen in der Zwischenzeit und beantragten den Zutritt zum Gelände. Die Militärbehörden haben ihrem Wunsch entsprochen und seit 2002 das Gelände für die Öffentlichkeit geöffnet.

Ende 2018 wurde der Bereich der heißen Quellen im Rahmen eines Entwicklungsprojekts um einige neue Elemente erweitert, darunter ein Wasserfallbecken, ein rollstuhlgerechter Zugang und mehr Bäume in einer parkähnlichen Umgebung.

„Toilettenwasser“

Seah Eng Keong füllte das Wasser unter verschiedenen Namen ab – darunter auch *Zombun-Wasser* oder *Air Zombun*, was auf Malaiisch ähnlich klingt wie *Air Jamban*, also *Toilettenwasser*, und, wie man sich unschwer vorstellen kann, schnell Anlass für viele Witze gab.

DER *SYONAN-JINJA*-SCHREIN ⑤

Ein von Kriegsgefangenen im Dschungel errichteter Shinto-Schrein

MacRitchie Reservoir Park – *GPS-Koordinaten: N 01' 20.900 O 103' 48.820*
MRT: Caldecott

So unerbittlich die Japaner als Soldaten und gegenüber Gefangenen waren, so sehr verehrten sie die Natur und ihren alten Shinto-Glauben, ein System, das auf der Suche nach einem Gleichgewicht zwischen der Natur, den Menschen und dem Göttlichen beruht.

Zu Beginn der japanischen Besatzung Singapurs (1942–1945) wurden Tausende britischer und australischer Kriegsgefangener für Bauprojekte in Singapur, Birma, Thailand, Borneo und Japan eingesetzt.

Ein Projekt in der Heimat war der *Syonan Jinja* – der „Licht-des-Südens"-Shinto-Schrein. Er wurde auf einem bewaldeten Hügel am äußersten westlichen Rand des *MacRitchie-Reservoirs* in der Nähe der Sime-Straße und Adam-Straße errichtet, wo die heftigsten Kämpfe in Japans Schlacht um Singapur stattgefunden haben.

Seine Gestaltung wurde durch den *Großen Schrein von Ise* in Japan inspiriert, der für seine natürliche Umgebung und seine einfache Architektur bewundert wird. Das hauptsächlich von den Japanern genutzte *Syonan Jinja* wurde am ersten Jahrestag des Falls von Singapur im Februar 1943 eingeweiht – die Einwohner von Singapur waren

manchmal gezwungen, dort an öffentlichen Zeremonien teilzunehmen, um ihren Respekt zu zeigen.

Als sich 1945 das Kriegsende abzeichnete und die Briten Singapur zurückerobern wollten, zerstörten die Japaner so viel wie möglich des *Syonan Jinja*. Die hölzernen Strukturen und viele traditionelle *Torii*-Tore wurden verbrannt, aber ein Großteil der Steinteile blieb erhalten. Tief im dichten Dschungel versteckt, und von Bäumen, Farnkrautwedeln und Moos umhüllt, steht ein trogartiges Steinbecken, das für die rituelle Reinigung vor dem Gebet verwendet wurde. Aus dem Blattwerk lugt ein Großteil der erhöhten Plattform hervor, auf der sich der Steintrog befindet, und eine zweite, höhere Plattform. Eine große Treppe, die zum Sockel des Schreins führt, ist ebenfalls in bemerkenswert gutem Zustand, da sie von der Natur über all die Jahre hinweg geschützt wurde.

Bei niedrigem Wasserstand kann man immer noch die Holzpfostenstümpfe der Stützen sehen, auf der einst die göttliche Brücke ruhte – eine Brücke über den Stausee, die zu einem Punkt nahe dem Fuß des Schreins führte, wo einst ein großes Torii-Tor stand.

Zur gleichen Zeit, als *Syonan Jinja* gebaut wurde, entstanden in der Nähe auf dem Gipfel des Bukit Batok zwei Kriegerdenkmäler für die Kriegsopfer – eines für die Briten und das *Syonan Chureito* für die Japaner. Nach dem Krieg wurden die sterblichen Überreste der japanischen Toten auf den japanischen Friedhof an der Chuan Hoe Avenue überführt (Briten wurden dort nie begraben). Die Denkmäler wurden jedoch bis auf die Treppe, die zur Plattform der Denkmäler führte, alle zerstört.

DER GIPFEL DES BUKIT TIMAH ⑥

Der höchste Punkt Singapurs

Bukit Timah Summit
Hindhede Drive, Abzweigung von der Bukit Timah Road
MRT: Beauty World

Wanderer, die sich zum Gipfel des fast 164 Meter hohen Bukit Timah Hill aufmachen, merken vielleicht gar nicht, dass sie Singapurs höchsten natürlichen Punkt erklommen haben, es sei denn, sie bemerken die Steinmarkierung in der Nähe Türme der *SingTel*-Telekommunikation. Leider gibt es hier keine lohnenswerten Aussichten, da die dichte Vegetation des umliegenden Waldes jeden möglichen Fernblick blockiert. Dennoch ist eine Wanderung durch das Bukit-Timah-Naturschutzgebiet empfehlenswert, denn hier befindet sich der einzige verbliebene Primärregenwald Singapurs – eine der ganz wenigen Städte der Welt, an deren Stadtrand direkt der Regenwald angrenzt.

Für eine bessere Aussicht

Der *Pinnacle@Duxton* ist fast so hoch wie der Bukit Timah, bietet aber aufgrund seiner Lage in der Stadt eine weitaus bessere Aussicht. Der weltweit höchste Sozialwohnungsblock verfügt auch über die längsten Skygardens (etwas mehr als 500 Meter) im 50. Stock. Der *Pinnacle@Duxton* ist für die Öffentlichkeit zugänglich, liegt aber abseits der ausgetretenen Touristenpfade (s. Seite 24). Hierfür benötigt man eine EZ-Link-Karte, die man an den meisten MRT-Stationen, in *7-Eleven*-Geschäften oder in *Shell*-Tankstellen erhält. Das höchste Gebäude Singapurs ist mit knapp 290 Metern das *Tanjong Pagar Centre*, auch *Guoco Building Tower* genannt – etwa 127 Meter höher als der Bukit Timah Hill.

DER SITZUNGSSAAL DES EHEMALIGEN *FORD*-WERKS

⑦

Hier kapitulierte Singapur

351 Upper Bukit Timah Road
visitsingapore.com/see-do-singapore/history/history-museums/former-ford-factory
Mo–Sa 9–17.30 Uhr und So 12–17.30 Uhr
Führungen auf Englisch: Mo–Fr 14.30 Uhr, Sa 11–15.30 Uhr, So 14.30–15.30 Uhr
Führungen auf Mandarin: an bestimmten Samstagen; Termine findet man auf der Website
Buslinien 75, 171, 178 oder 961 von MRT: Hillview

Inmitten der ruhigen und modernen Wohnumgebung wirkt die ehemalige Ford-Fabrik mit ihrer Fassade im Art–Déco-Stil fehl am Platz. Das zur Automobilfertigung gebaute und 1941, übrigens genau rechtzeitig, fertiggestellte Werk der *Ford Motor Company of Malaya*, wurde direkt zur Unterstützung der Kriegsbestrebungen genutzt, was jedoch wenig am Verlauf des Krieges änderte. Bereits einige Monate später wurde die Fabrik in ein Ereignis verwickelt, das den Lauf der Geschichte verändern sollte, denn hier fand die Kapitulation Singapurs vor den Japanern am 15. Februar 1942 statt. Es ist vielleicht passend, dass in diesem Gebäude, in dem die Montage von Kraftfahrzeugen schon vor langer Zeit eingestellt wurde, eine ständige Ausstellung zu sehen ist, die an die dunklen Tage nach der Kapitulation erinnert. Auch an die Kapitulation selbst wird erinnert, und zwar genau in dem Sitzungssaal, in dem sich General Arthur Percival und General Tomoyuki Yamashita gegenüberstanden und Percival der bedingungslosen Kapitulation von Singapur zustimmen musste. Eine Abbildung des Saals, so wie er damals eingerichtet war, stammt aus einem weit verbreiteten Foto der Kapitulation, auf dem die Hauptakteure dieses schicksalhaften Moments zu sehen sind. Die Zeit blieb stehen und zwar genau um 18.20 Uhr, wie die Wanduhr zeigt – der Moment, in dem die Illusionen des britischen Weltreichs über seine Unbesiegbarkeit verflogen waren. In anderen Teilen des Museums veranschaulichen alte Fotos, Artefakte, Ablaufpläne und Videos sehr detailliert die drei Jahre der japanischen Besatzung Singapurs.

Die aktiven Jahre der Fabrik

Die ehemalige Fabrik, die mit einer Investition von 735.425 US-Dollar gebaut wurde, verfügte über eine hochmoderne Fertigungsanlage, die mit rund 400 Mitarbeitern pro Tag 40 Fahrzeuge herstellen konnte. Es war nicht das erste Unterfangen, das Ford in Singapur mit der Fahrzeugherstellung unternahm – bereits das örtliche Autohaus *Wearnes Brothers* hatte in seiner Werkstatt in der Orchard Road die Montage von *Ford*-Fahrzeugen mit einem Ausstoß von 18 Fahrzeugen pro Tag übernommen. Die Fabrik, die von den Japanern beschlagnahmt und zwei Tage vor dem Fall zum militärischen Hauptquartier wurde, nahm 1947 ihre Arbeit wieder auf. Sie war bis Juni 1980 in Betrieb und wurde dann an das benachbarte Unternehmen *Hume Industries* verkauft. Das Gebiet, das früher ein Industriegebiet war, wurde Mitte der 1990er-Jahre für Wohnzwecke neu ausgewiesen. Die Fabrik verlor den hinteren Gebäudeteil, bevor sie 2006 unter Denkmalschutz gestellt wurde – im selben Jahr, in dem hier die Dauerausstellung *Memories at Old Ford Factory* eröffnet wurde. Diese Ausstellung wurde 2017 umgestaltet.

KLEIN GUILIN

⑧

Ein seltenes Relikt von Singapurs ehemaligen natürlichen Hügeln

Bukit Batok Town Park, *Bukit Batok East Ave 5*
MRT: Bukit Gombak

Singapur ist an sich ziemlich flach. Die meisten der natürlichen Hügel, die es einst gab, wurden im Laufe der Jahrzehnte abgetragen und an den Rand des Festlands geschoben, um die Küstenlinie zu verlängern. Seit die Regierung vor etwa einem halben Jahrhundert mit der Landgewinnung begonnen hat, ist Singapur um etwa ein Viertel angewachsen und hat seine ursprünglichen Erhebungen, Klippen und dramatischen Felsformationen (s. Seite 22) eingebüßt – allerdings mit ein paar Ausnahmen.

Im 42 Hektar großen Stadtpark *Bukit Batok* im Nordwesten Singapurs wird ein ruhiger See von einigen ziemlich klobigen Felsen eingerahmt. Dieser stille See, der wegen seiner Ähnlichkeit mit einem ähnlich malerischen Ort in Guilin, China, auch „Klein-Guilin" genannt wird, ist eigentlich ein gefluteter Steinbruch – der ehemalige *Gammon-Steinbruch* an den Hängen des Bukit Gombak. Der Abbau von Granit und ähnlichem Norit- und Gabbro-Gestein begann im 19. Jahrhundert, da diese Gesteine zur Herstellung von Beton unerlässlich waren. Zwischen den 1950er- und 1970er-Jahren boomte das Steinbruchgeschäft dank Singapurs rasender Bauwut der Nachkriegszeit und der Schaffung von Wohnungen durch das *Housing Development Board.*

Auf Malaiisch bedeutet *bukit* „Hügel" und *batok* „Husten" , ein Name, den das Gebiet wegen der Sprengungen in den einst aktiven Steinbrüchen erhielt. In den hügeligen Gebieten um das Naturschutzgebiet Bukit Timah – Bukit Batok, Bukit Gombak, Bukit Panjang – gibt es mehrere Steinbrüche, u.a. *Singapur, Dairy Farm* und *Hindehede.* Mit 133 Metern Höhe ist Bukit Gombak nach Bukit Timah der zweithöchste Hügel Singapurs (s. Seite 164) und man geht davon aus, dass er zu den ältesten Felsformationen Singapurs gehört, die mehr als 250 Millionen Jahre bis ins Paläozoikum zurückreichen.

Als die Bevölkerung wuchs und die Stadtentwicklung voranschritt, erreichten die Steinbrüche ihre maximale Tiefe und wurden auch wegen Sicherheitsbedenken für Mensch und Umwelt bei den Sprengungen problematisch. Also suchte Singapur in den Nachbarländern nach dem benötigten Gestein, und in den 1980er- und 1990er-Jahren wurden schließlich alle Steinbrüche im Nordwesten Singapurs aufgegeben. Einige wurden zugeschüttet, mit Straßen und mit Wohntürmen überbaut, andere dienten als Speicher für Regenwasser, wurden vom Dschungel verschluckt oder in Parks integriert – wie der stille Guilin-See.

DER *NANTAH*-BOGEN ⑨

Der ehemalige Eingang zur ersten chinesischsprachigen Universität außerhalb Chinas

Jurong West Street 93
MRT: Pioneer

Der *Nantah*-Bogen, abgeschnitten von der Straße, auf der einst Fahrzeuge unter ihm hindurchfuhren, wirkt auf dem leeren Feld am Rande eines Wohnviertels wirklich deplatziert. Der Zweck des Bogens an der Jurong West Street 93 lässt sich über dem mittleren Torbogen ablesen, wo die chinesischen Schriftzeichen 南洋大學 (*Nanyang daxue*) zu sehen sind. *Nanyang* („südlicher Ozean") ist chinesisch für die *Universität Nanyang*, kurz *Nanda* oder *Nantah*, und wird von der chinesischen Diaspora als Bezeichnung für Südostasien oder Malaya und Singapur verwendet. Obwohl in der Umgebung kaum Hinweise auf die Universität zu finden sind, war der *Nantah*-Bogen einst der Haupteingang zur ersten chinesischsprachigen Universität außerhalb Chinas, die durch die Bemühungen der chinesischen Gemeinde errichtet wurde.

Die Einrichtung war die Idee des Kautschukmagnaten und Gemeindevorstehers Tan Lark Sye, der sie 1950 als Reaktion auf den Ausschluss einer chinesischen Fakultät an der Universität von Malaya gründete. Tan spendete 5 Millionen US-Dollar und überzeugte einen Großteil der Gemeinde ebenfalls zu Geldspenden. Der *Hokkien Huay Kuan Clan*, dem Tan vorstand, stellte ein 200 Hektar großes Gelände zur Verfügung. Die Bauarbeiten begannen 1953, und innerhalb von zwei Jahren war die Universität funktionsbereit.

Nach der Unabhängigkeit Singapurs nahm der Unterricht in chinesischer Sprache ab, was zum Niedergang der *Nanyang*-Universität führte, die sich dann 1980 mit der *National University of Singapur* zusammentat. Im Jahr 1981 wurde auf dem Campus das *Nanyang Technological Institute* der *NUS* gegründet, was 1991 in die *Nanyang Technological University* umgewandelt wurde.

Was der Nantah*-Bogen symbolisiert*

Das Design des Bogens ist typisch chinesisch und mit viel Symbolik verbunden. Der Bogen wird von einem Dach im chinesischen Stil gekrönt und hat unten drei Portale, die für Himmel, Erde und Menschheit stehen – ein Dreigestirn, das nach der chinesischen Philosophie in einer komplementären Beziehung stehen muss, damit das Universum existieren kann. Die Abschnitte symbolisieren außerdem die Tore zu drei „Talenten", deren Erwerb das Ziel der traditionellen chinesischen Erziehung ist – *da cai*, die Weisheit zu regieren, *chang cai*, die Fähigkeiten eines Handwerks und *qing cai*, die Ethik des Menschen.

GARTEN DES RUHMS

⑩

Von Gohs Unsinn *zu* Gohs Ruhm

Jurong Hill Park, *1 Jurong Hill*
MRT: Boon Lay mit Anschluss via Buslinie 194

Der grüne *Jurong Hill Park* voller Bäume im Westen Singapurs liegt inmitten eines ansonsten grauen Industrie- und Hafengebiets, das für seine Werften, Ölraffinerien und Chemiefabriken bekannt ist. Im Park befindet sich der vergessene *Garten des Ruhms*, ein Ort, an dem seit den

späten 1960er-Jahren ausländische Würdenträger Bäume pflanzten und ihren Namen auf einer Gedenktafel eingraviert bekamen – sowohl ein Fototermin als auch eine clevere Möglichkeit für Singapur, ausländischen Staatsoberhäuptern die aufstrebende Industrie von Jurong zu zeigen.

Im Laufe von mehr als einem Jahrzehnt wurden etwa 30 Bäume gepflanzt, bevor der Platz dann knapp wurde: Den ersten pflanzte Prinzessin Alexandra aus dem Vereinigten Königreich 1969, den letzten Dr. Albert Winsemius, ein Wirtschaftsberater Singapurs und Pionier der Industrialisierung 1984. Zu weiteren namhaften Staatsoberhäuptern gehörten der chinesische Vizepremier Deng Xiaoping, der kanadische Premierminister Pierre Elliot Trudeau, der indonesische Präsident Suharto, die englische Königin Elisabeth II., der amerikanische Vizepräsident Spiro Agnew, Kronprinz Harald von Norwegen, der japanische Kronprinz Akihito und der Präsident von Singapur Benjamin Sheares.

Einst war dies hier ein Gebiet mit Sümpfen, Mangroven und Dschungel, ein Hinterland, in dem im 19. Jahrhundert Pfeffer-, Gambir- und Muskatnussplantagen entstanden, die später durch Kautschuk- und Schnittlauchplantagen sowie Fisch- und Garnelenzuchtfarmen sowie schließlich durch Ziegeleien mit ihren hoch aufragenden Schornsteinen ersetzt wurden. Doch Anfang der 1960er-Jahre war der Wandel im Westen Singapurs in vollem Gange: Hügel wurden eingeebnet, die Küstenlinie erweitert und Inseln durch Landgewinnung miteinander verbunden, sodass das Gebiet Jurong auf Drängen von Singapurs Finanzminister Dr. Goh Keng Swee zu einem bedeutenden Handelshafen und Industriezentrum werden konnte. Singapur konnte sich nicht länger auf stagnierende Branchen wie das Bank- und Versicherungswesen verlassen (auch wenn das private Bankwesen heute ein wirtschaftlicher Dreh- und Angelpunkt ist) und hatte keine andere Wahl, als seine Wirtschaft zu diversifizieren, um mehr Arbeitsplätze zu schaffen. Damals nannten Gohs Kritiker den Industrialisierungsschub „Gohs Unsinn", doch später, nach dem Erfolg, wurde daraus „Gohs Ruhm".

Im Einklang mit der Gartenstadt-Bewegung jener Zeit wurde 1971 in der Nähe der *Jurong Bird Park* eröffnet, 1973 folgten die Japanischen Gärten und zwei Jahre später die Chinesischen Gärten, die Singapurs erstes Industriegebiet vor Neid erblassen ließen.

PILLENDOSEN-MG-BUNKER

⑪

Historische Verteidigungsstellung

Pasir Panjang – Ecke Pasir Panjang Street und Science Park Street
MRT: Haw Par Villa

Man verzeiht es den Passanten, wenn sie diesen unscheinbaren Buckel aus verwittertem Beton übersehen. Am Straßenrand an der Ecke der Pasir Panjang Street und der Science Park Street, in einem Gebiet, das eher für Hightech-Industrieparks bekannt ist, sieht diese gedrungene und kastenförmige Struktur eher wie eine zufällige städtische Infrastruktur aus als ein Relikt aus dem Zweiten Weltkrieg,

was sie in Wirklichkeit ist. Bunker wie dieser wurden in den 1930er-Jahren entlang der Ost- und Südküste Singapurs errichtet, um die Insel gegen eine Invasion vom Meer aus zu verteidigen. Damals waren sie wahrscheinlich nicht zu sehen, da sie entweder teilweise verschüttet oder durch dichte Vegetation verdeckt waren. Aus dem Inneren der engen und stickigen Bunker konnten Maschinengewehrschützen durch Öffnungen, die sogenannten Schießscharten, die sich an der Vorderseite und in der kleinen Kuppel dieses Bunkers befinden, ihr Salven abfeuern. In Singapur gab es MG-Bunker in vielen Formen und Größen, die strategisch so angeordnet waren, dass das Maschinengewehrfeuer eine überlappende Deckung gegen Angreifer bieten konnte. In und um Singapur findet man noch einige dieser Verteidigungsstellungen. Während des Zweiten Weltkriegs wurde der Bunker (s. Abb. gegenüber) von der 1. Malaya-Brigade bei ihrer erbitterten Verteidigung des Pasir-Panjang-Kamms gegen die vorrückende 18. Japanische Division bemannt. Heute kann er von außen besichtigt werden. Ein weiterer Bunker befindet sich in einem Sandstück am Rand des *Labrador*-Parks, in der Nähe der Einfahrt zum *Keppel Harbour*.

MG-Bunker

Diese Miniaturfestungen aus Beton erhielten ihren Namen *Pillendosen* aufgrund ihrer Form, die an die Döschen erinnert, in denen man um die Jahrhundertwende Medikamente aufbewahrte. Die *Pillendosen* kamen erstmals im Ersten Weltkrieg in Europa zum Einsatz und wurden im Zweiten Weltkrieg in ganz Großbritannien errichtet, um einen deutschen Seeangriff abzuwehren, der glücklicherweise nie stattfand. In Singapur bauten die Briten eine Reihe von ihnen als Teil ihrer Strandverteidigung, um wichtige Militäreinrichtungen im Süden zu schützen, darunter Munitionsdepots und das *Alexandra Military Hospital*.

DIE ORIGINALSTUFEN ZUR *HAW-PAR-VILLA*

12

Ein höllischer Park

262 Pasir Panjang Rd.
6872–2003
Tgl. von 9–19 Uhr
Eintritt kostenlos
MRT: Haw Par Villa

Zwei Stufen der Eingangstreppe – das ist alles was von der einst großartigen kreisförmigen Villa übrig geblieben ist, die der berühmte lokale Architekt Ho Kwong Yew (der ein ähnliches Haus konzipiert hat, das noch immer in der Grange Road steht) für die wohlhabenden Aw-Brüder in den späten 1930er-Jahren entworfen hat. Die Villa wurde im Zweiten Weltkrieg beschädigt und kurz darauf abgerissen. Sie war das Glanzstück der *Tiger Balm Gardens* (auch bekannt als *Haw-Par-Villa*), ein „Sittlichkeitsgarten", der 1937 in Singapur von Aw Boon Haw (1882–1954) für seinen jüngeren Bruder Aw Boon Par (1888–1944) erbaut wurde. Die beiden Exzentriker machten ihr Glück mit der Herstellung von Tigerbalsam für geschundene Muskeln und gaben für den Bau ihres Traumparks und der atemberaubenden Villa auf einem Hügel an der Pasir Panjang Road mit Panoramablick aufs Meer fast 2 Millionen US-Dollar aus. Als die Japaner im Zweiten Weltkrieg Singapur besetzten und das Anwesen übernahmen, nutzten sie das Haus als Wachturm, um nach feindlichen Schiffen Ausschau zu halten. Mit mehr als 1.000 Statuen und 150 lebensgroßen Dioramen, die chinesische Folklore, Fabeln und traditionelle Werte zeigen, ist der Park ein Wunderland klassischer Kämpfe zwischen Gut und Böse, die in farbenfrohen, extravaganten und manchmal auch horrorfilmähnlichen Bildern dargestellt werden. Es gibt blutige Gesichter, Körper ohne Gliedmaßen und gruselige Kombinationen aus Mensch und Tier. Das Diorama der Zehn Höllengerichte zeigt in blutigen Details die unsäglichen Qualen, die die Verdammten für jede begangene Sünde erwarten. Am anderen Ende des Spektrums pflegt eine treusorgende Frau ihre Schwiegermutter, während ihr eigenes Kind darauf wartet, an die Reihe zu kommen. Obwohl die Aw-Brüder in England studiert hatten, schätzten sie ihr chinesisches Erbe und wollten einen öffentlichen Garten anlegen, in dem Familien kostenlos in die chinesische Kultur eintauchen und in dem sie gleichzeitig für ihre kleinen Balsamtiegel zur Schmerzlinderung werben konnten. Durch verschiedene Renovierungen und Umgestaltungen haben die wundervollen Dioramen all die Jahre überlebt.

Heute werden Tigerbalsam-Tiegel in mehr als 100 Ländern verkauft. Alles begann mit dem chinesischen Kräuterkundigen Aw Chu Kin in Rangun, Birma, in den 1870er-Jahren. Auf seinem Sterbebett bat er seine Söhne, seine medizinische Salbe weiter herzustellen. Sie machten das bescheidene Allheilmittel zu einem Verkaufsschlager, bevor sie in den 1920er-Jahren nach Singapur auswanderten und in Tanjong Pagar eine Fabrik eröffneten. In der noch bestehenden *Eng-Aun-Tong-Fabrik* in der Neil Road 89 wurde das Produkt bis 1971 hergestellt. Jetzt wird es in Jurong produziert.

DIE KUPPE

13

Schauplatz der ersten Straßenrennen in Singapur

Kreuzung der Kent Ridge Road und South Buona Vista Road
MRT: Kent Ridge

Es gibt nur noch wenige Erinnerungen an das *Gap Hill Climb*, ein Motorradrennen, das 1927 zum ersten Mal ausgetragen wurde – später nahmen auch Autos daran teil – und 1973 komplett eingestellt wurde. Der Austragungsort, wie der Name des Rennens *The Gap (die Kuppe)* schon sagt, ist ein Sattel am westlichen Ende eines neun Kilometer langen Bergrückens, der parallel zur Südwestküste von Singapur verläuft und den Bau einer Straße *(South Buona Vista Road)* über den Bergrücken ermöglichte. Sie ist heute für ihre scharfen Kurven bekannt, die auf Singapurs Straßen eher ungewöhnlich sind – nur wenige kennen ihre Geschichte und wissen, wie anspruchsvoll diese Kurven waren.

Der Name *The Gap* (auch ein Synonym für die malerische Aussicht auf die Küste) ist ebenfalls in Vergessenheit geraten, und das Einzige, was auf den Ort hinweist, ist eine Markierung, die nicht einmal den Namen erwähnt. Die in Beton gegossene Tafel wurde zum Gedenken an den Besuch der Herzogin von Kent, Prinzessin Marina, und ihres Sohnes, des Herzogs von Kent, Prinz Edward, im Jahr 1952 bei den Armeeeinheiten der Region angebracht.

Sie weist auch auf die militärische Vergangenheit von *The Gap* und Kent Ridge hin. Die Militäreinheiten wurden hier aufgrund des strategischen Wertes der erhöhten Position des Bergrückens mit Blick auf die Küste positioniert, an der militärische Einrichtungen und Beobachtungsposten errichtet wurden. Während der japanischen Invasion im Zweiten Weltkrieg wurde der Bergrücken verbissen verteidigt und war Zeuge einer der heftigsten Kämpfe in den letzten Tagen vor dem Fall Singapurs.

Die ersten *Gap-Hill-Climb*-Rennen wurden vom *Singapore Volunteer Corps* organisiert – jedes Jahr veranstaltete man drei Rennen zugunsten des Motorradzuges des Corps. Nach 1929 wurde die Veranstaltung eingestellt und erst 1939 nahm die *Automobile Association of Malaya* die Rennen wieder auf, die jedoch durch den Krieg abermals unterbrochen, und von 1948 bis 1973 durch den *Singapur Motor Sports Club* wieder aufgenommen wurden. Mehr als drei Jahrzehnte später, im Jahr 2007, kam das Formel-1-Nacht-Straßenrennen nach Singapur, wo nun jedes Wochenende ein Rennen stattfindet – doch nur wenige wissen, dass die Geschichte des Motorsports in Singapur schon viel früher begann.

Der Bergrücken westlich von *The Gap* beherbergt seit 1976 die *National University of Singapur*, Singapurs erste Hochschule. Abgesehen davon, dass Kent Ridge nach der Herzogin und dem Herzog benannt wurde, kann man auch vermuten, dass die Herzogin und der Herzog dem Marina Hill, östlich von *The Gap*, und dem Prince Edward Point, westlich davon, ihre Namen verliehen haben.

DER YING-FO-FUI-KUN-FRIEDHOF ⑭

Singapurs letzter Hakka-Friedhof

9 Commonwealth Lane, Singapur 149551
Tgl. von 8–18.30 Uhr
MRT: Commonwealth

Der überraschende *Ying-Fo-Fui-Kun-Friedhof*, der von Sozialwohnungsblöcken und Bahngleisen umgeben ist, besitzt etwa 2.700 Grabsteine, ordentlich angeordnet in 65 Reihen. Jeder Grabstein ist rechteckig, gleich groß und von gleicher Form, und alle tragen die gleiche Jahreszahl – 1969, das Jahr, in dem die Leichen exhumiert und eingeäschert wurden. Der auch als *Shuang Long Shan (Doppelter Drachenhügel)* bekannte Friedhof erhielt seinen Namen, als er 1887 angelegt wurde, von zwei Hügeln in seiner Mitte. Die Anlage erinnert an die Hakka, eine der fünf chinesischen Hauptethnien in Singapur (die anderen sind Hokkien, Teochew, Kantonesen und Hainanesen) und ist heute der letzte Hakka-Friedhof in Singapur.

Ying Fo Fui Kun, die den Friedhof verwaltet, ist eine 1822 gegründete Hakka-Clanvereinigung, deren Name das Streben der Gründer nach gegenseitiger Unterstützung und friedlicher Koexistenz unter den Hakka in Singapur widerspiegelt. In den früheren Tagen der Geschichte Singapurs kamen die Hakka aus fünf verschiedenen Bezirken in Kanton, China. Der Clan besaß etwa 40 Hektar Land in diesem Gebiet.

Im Jahr 1966 wurde ein Großteil des Landes vom *Housing Development Board* für Wohnzwecke erworben und eingeebnet. Die Überreste der Leichen wurden exhumiert und eingeäschert, wobei die Asche in Urnen entweder unter den Grabsteinen oder in Ahnenhallen aufbewahrt wurde.

Die einheitlichen Grabsteine wurden von der Behörde entworfen und aufgestellt. Die erste Reihe besteht aus zwölf größeren, abgestuften Grabsteinen, die sich von den anderen abheben und wahrscheinlich den reicheren Familien zuzuschreiben sind.

Auf dem 1,8 Hektar großen Friedhofsgelände befindet sich auch eine Ahnenhalle.

DIE GEDENKTAFEL AM *ALEXANDRA HOSPITAL*

Gräueltaten des Zweiten Weltkriegs, die in einem Krankenhaus stattfanden

Alexandra Hospital, *378 Alexandra Road*
MRT: Queenstown, dann Buslinie 51 oder 195

Leicht kann man vor dem Haupteingang des *Alexandra Hospitals* eine kleine Gedenktafel übersehen, die in einem üppigen, friedlichen Park steht. Die Inschrift weist auf die Gräueltaten hin, die sich hier im Zweiten Weltkrieg ereigneten. Am Morgen des 14. Februar 1942 stürmten die japanischen Truppen das *Britische Militärkrankenhaus*, wie das *Alexandra Hospital* früher hieß, und beschossen es schwer. Das Krankenhaus hatte damals bereits das Doppelte seiner Kapazität erreicht. Gegen 13 Uhr wurde ein einzelner japanischer Soldat gesichtet, der auf das Krankenhaus zukam. Ein britischer Hauptmann der 32. Kompanie des *Royal Army Medical Corps* ging ihm entgegen und zeigte auf seine Rotkreuz-Armbinde, um ihn darauf hinzuweisen, dass er sich auf Krankenhausgelände befand. Trotzdem schoss der japanische Soldat auf den Hauptmann und verfehlte ihn nur knapp. Dieser rannte ins Krankenhaus zurück, doch inzwischen war das Gelände bereits von drei feindlichen Einheiten umstellt.

An diesem Nachmittag stürmten japanische Soldaten das Krankenhaus und drangen in alle Räume ein, wo sie auf Ärzte, Krankenhauspersonal und Patienten schossen, mit Bajonetten einstachen und sie totschlugen. Insgesamt wurden etwa 50 Männer getötet, 200 weitere, darunter auch Schwerverletzte, wurden in Achtergruppen gefesselt und mit Gewalt zu einer Reihe von Plumpsklos in der Nähe gebracht. Verletzte Häftlinge, die hinfielen, wurden einfach getötet. Die Gefangenen verbrachten die Nacht zusammengepfercht in drei kleinen Räumen, wo einige über Nacht starben. Erst als die japanischen Streitkräfte an diesem Morgen die Kämpfe wieder aufnahmen, schlug eine Granate in das Gebäude ein, in dem die Gefangenen untergebracht waren, so dass einige von ihnen ihrer Hinrichtung entkommen konnten.

Das Britische Militärkrankenhaus wurde in den späten 1930er-Jahren als Hauptkrankenhaus für das Britische Fernostkommando während des Zweiten Weltkriegs gebaut.

Im Jahr 1971 wurde es in ein ziviles Krankenhaus umgewandelt und in *Alexandra Hospital* umbenannt. 1992 erforschte ein Team des Krankenhauses und des Verteidigungsministeriums ein mysteriöses Netz von mit Ziegelsteinen ausgekleideten Tunneln, die unter dem Krankenhaus gebaut worden waren. Sie entdeckten alte Arzneigefäße und -flaschen aus der Zeit vor dem Krieg, woraus sie schlossen, dass die Tunnel bereits beim Bau des Krankenhauses angelegt wurden. Konnten so vielleicht einige weitere Menschen dem Massaker entkommen?

DAS EHEMALIGE HAUS DES BRAUMEISTERS

16

Was von der großen Brauerei für Anchor Beer *übrig blieb*

Anchorpoint Shopping Centre, 370 Alexandra Road
MRT: Queenstown

Die Aufgabe eines Braumeisters ist es, das Bier seiner Brauerei zu kosten und es für gut zu befinden, bevor es an die durstigen Kunden ausgeliefert wird – deshalb ist dieser Posten so wichtig und auch begehrt. Bei der *Archipelago Brewery Company (ABC)* kam der oberste Verkoster zusätzlich in den Genuss, im zweistöckigen Haus des Braumeisters an der Alexandra Road nahe der Kreuzung Queensway zu wohnen. Das weiße Gebäude mit dem roten Spitzdach, das in den letzten Jahren zu einem Restaurant umfunktioniert wurde, ist heute alles, was von dem einst florierenden Brauereikomplex, in dem *Anchor Beer* gebraut wurde, übrig ist. Das Hauptprodukt der mehrere Millionen US-Dollar schweren Brauerei war *Anchor Beer*, ein leichtes Pilsner, das mit englischem Hopfen und australischem Malz gebraut wurde. Ein Jahr zuvor hatte der Konkurrent *Malayan Breweries (MBL)* mit der Produktion von *Tiger Beer*, einem hellen Lagerbier und dem ersten in Singapur gebrauten Bier begonnen – für viele das Nationalbier Singapurs. In den ersten Jahrzehnten des 20. Jahrhunderts war die Alexandra Road ein beliebter Standort für Fabriken – sie lag in der Nähe der malaysischen Eisenbahnlinie und war daher ideal für den Transport von Waren. Gebraut wurde im Hauptgebäude der *ABC*, wo sich heute das Einkaufszentrum *Anchorpoint* befindet. Das in Flaschen abgefüllte Bier wurde über ein hölzernes Förderband über eine Hängebrücke zur Dosenabfüllanlage transportiert, wo sich heute das blau-gelbe Gebäude von IKEA befindet.

Im Jahr 1939, als sich der Zweite Weltkrieg abzeichnete, beanspruchte die britische Kolonialregierung Singapurs die *ABC-Brauerei* als feindliches Eigentum und verkaufte sie zwei Jahre später an *MBL*, ein Joint Venture zwischen dem lokalen Softdrinkhersteller *Fraser & Neave (F&N)* und der niederländischen Brauerei *Heineken*. Die Produktion von *Anchor* und *Tiger Beer* wird bis heute fortgesetzt, obwohl 1990 der Betrieb nach Tuas verlegt und der Name der Brauerei zu *Asia Pacific Breweries* wurde, und nach einer Fusion im Jahr 2003 dann zu *Heineken Asia Pacific*.

DAS LEUCHTFEUER DES TURMS AM *FULLERTON HOTEL*

17

Ein viel tiefer gelegener Standpunkt als geplant

Mapletree Business City – Nahe 20 Pasir Panjang Rd
MRT: Pasir Panjang

An einer viel tieferen Stelle als ursprünglich vorgesehen, steht ein Leuchtfeuer auf einer kleinen Wiese am Eingang der *Mapletree Business City* – seinem zweiten Standort, seit es 1979 außer Betrieb genommen wurde. Zuvor befand sich das Leuchtfeuer oben auf dem *Fullerton Building*, das einst Teil eines Leuchtturms war. Sein Rundumlicht hatte Schiffen den Weg in den sicheren Hafen gewiesen.

Der Hauptleuchtturm von Singapur stand ursprünglich auf dem Fort Canning Hill, der einst in Küstennähe, und für Schiffe auf hoher See gut sichtbar war. Im Jahr 1855 wies noch eine einzelne Laterne, die an einem Fahnenmast auf der Spitze des Hügels hing, den Schiffen den Weg in den Hafen und den Singapore River hinauf. Im Jahr 1902 erhielt Fort Canning Hill einen richtigen Leuchtturm. Mit seiner Höhe von 25 Metern auf dem 37 Meter hohen Hügel war der Leuchtturm insgesamt 63 Meter hoch und mehr als 30 Kilometer weit sichtbar. Doch als die Landgewinnung die Küstenlinie immer weiter verschob und nahe gelegene Hochhäuser die Sicht versperrten, wurde der Leuchtturm von Fort Canning außer Betrieb genommen.

Das 1928 errichtete *Fullerton Building* wurde als Standort für einen neuen Leuchtturm ausgewählt und der *Fullerton-Leuchtturm* 1958 in Betrieb genommen.

Das massive *Fullerton Building*, das nach dem ersten Gouverneur der Straits Settlements, Robert Fullerton, benannt wurde, beherbergte Regierungsbüros, von denen das bekannteste das *General Post Office* war. Es ersetzte das am Wasser gelegene *Fort Fullerton*, das die Mündung des Singapore River schützte – ein idealer Standort für einen Leuchtturm. Es wurde ein elektrisch betriebenes Leuchtfeuer mit 540-Kilocandela installiert, das 30 Kilometer weit sichtbar war.

Mehr als zwei Jahrzehnte lang wies das Leuchtfeuer den Frachtschiffen den Weg durch die stark befahrenen Hafengewässer und den Bumbooten den Weg zwischen den Schiffen und den Lagerhäusern entlang des Flusses.

In den späten 1970er-Jahren wurde es erneut von Hochhäusern überragt, weshalb es schließlich stillgelegt und an seinen heutigen Standort verlegt wurde. Inzwischen befindet sich auf dem Dach des *Fullerton Hotels* ein Restaurant mit dem Namen *The Lighthouse Restaurant & Rooftop Bar*, das einen der schönsten Ausblicke der Stadt bietet.

EIN WEIßER OBELISK IM *LABRADOR PARK*

(18)

Hier aufgestellt, um als Navigationshilfe zu dienen

Navigation Marker
Labrador Park
MRT: Labrador Park

Im Südwesten Singapurs, wo der *Labrador Park* ans Meer grenzt, befinden sich auf einer grünen und felsigen Landzunge mehrere Militärkonstruktionen, darunter auch die Überreste eines Artilleriebunkers aus dem 19. Jahrhundert (s. Seite 174) – einer der letzten seiner Art in Singapur. Die Landzunge ist unter dem Namen *Tanjong Berlayer* bekannt, malaiisch für „Segelkap" – ein Hinweis auf ihre Bedeutung für die Schifffahrt.

Nicht weit vom Bunker entfernt, am Südende des Parks, steht ein seltsames weißes, säulenartiges Gebilde, das scheinbar keinem Zweck dient – oder doch? Der weiße Obelisk, derzeit von dichtem Blätterwerk umgeben, wurde ursprünglich hier aufgestellt, um als Navigationshilfe zu dienen, denn weiße Obelisken wie diesen errichtete man einst entlang der Küsten als feste Navigationspunkte, Bezugspunkte oder Markierungen.

Dieser spezielle Obelisk ersetzte jedoch einen jahrhundertealten Markierungspunkt für die Schifffahrt – den als *Batu Berlayer* bekannten Felsen, der 1848 entfernt wurde, um die Einfahrt in den *Keppel Harbour* zu verbreitern. Der Felsen wird bereits im 16. Jahrhundert erwähnt, könnte aber auch schon früher bekannt gewesen sein. So beschrieb der chinesische Reisende Wang Dayuan aus dem 14. Jahrhundert in seinem Reisebericht *Daoyi Zhilüe* eine Hafeneinfahrt in der Gegend, die er *Long Ya Men* („Drachenzahntor") nannte, und die auch in Aufzeichnungen im Zusammenhang mit den Reisen von Admiral Zheng He im 15. Jahrhundert erscheint. Es wird vermutet, dass es sich bei dieser alten Hafeneinfahrt um *Batu Berlayer* handelt, während der andere „Zahn" bei Tanjong Rimau auf der anderen Seite des Kanals auf Sentosa liegt. *Batu Berlayer*, von den Briten „Lot's Wife" genannt, taucht auch in Berichten portugiesischer und holländischer Reisenden aus dem 16. und 17. Jahrhundert auf, einschließlich des *Itinerario* des holländischen Seefahrers Jan Huyghen van Linschoten, einer Beschreibung seiner Reise nach Ostindien im späten 16. Jahrhundert.

Der Obelisk, der *Batu Berlayer* ersetzte, markierte das westliche Ende des Hafens von Singapur. Ein weiterer weißer Obelisk wurde verwendet, um das östliche Ende des Hafens in Siglap zu kennzeichnen. Der Obelisk selbst wurde kurz nach dem Zweiten Weltkrieg durch das rote und sehr auffällige *Berlayer Leuchtfeuer* ersetzt.

Eine Nachbildung des *Batu-Berlayer-Felsens* wurde 2005 in der Nähe seines ursprünglichen Standorts errichtet, um an den 600. Jahrestag der Reisen von Admiral Zheng He in die Region zu erinnern.

EIN JAPANISCHES GRAB AUS DER KRIEGSZEIT

19

Der Hügel für Abenteuerlustige

Mount Faber (nahe Wishart Road) – MRT: Telok Blangah

Nach einem Spaziergang von etwa einer Viertelstunde durch dichte Vegetation vom Waldrand der Wishart Road den Mount Faber hinauf, steht man plötzlich vor einer zwei Meter hohen, säulenartigen Struktur, die auf einem dreistufigen Betonsockel ruht – eindeutig der Grabstein einer japanischen Grabstätte, auch wenn seine Proportionen größer als gewöhnlich sind.

Auf der Vorderseite geben japanische Inschriften Aufschluss über die Identität der in dem Grab bestatteten Person – *Omoto Egasa* (小本江笠). Auf den anderen Seiten des Grabsteins liefern Inschriften in chinesischer Schrift weitere Informationen über Omoto Egasa, einem Schiffsarchitekten und Angestellten der Kobe-Werft von *Mitsubishi Heavy Industries*, der am 2. März 1942 – nur zwei Wochen nach dem Fall Singapurs – die erste Gruppe japanischer Werftarbeiter hierherbrachte. Nachdem er sich während seiner unermüdlichen Arbeit an einem Schiffbauprojekt eine Krankheit zugezogen hatte, verstarb Omoto am 18. Juli 1942 im Alter von 47 Jahren, nur drei Monate nach seiner Ankunft.

Es gibt jedoch keine Erklärung, woran Omoto erkrankte und warum man ihn hier so abgelegen begraben hat. Vielleicht konnte er von hier oben aus die Arbeiten, die seine Männer in den Trockendocks der Hafenbehörde von Singapur durchführten, besser überwachen.

Für Abenteuerlustige bieten die Hänge des Mount Faber zahlreiche Entdeckungsmöglichkeiten. Der Hügel ist seit langem eng mit dem Militär verknüpft, das seine Höhe als strategischen Beobachtungspunkt für den Hafen schätzte und ein Labyrinth von Schächten, Tunneln und Militärposten hinterließ. Besonders faszinierend sind der Südhang mit mehreren Häusern aus der Kolonialzeit, die als Wohnungen für die leitenden Angestellten der Hafenbehörde von Singapur gebaut wurden und der Ahnenfriedhof der aktuellen Sultane von Johor.

Das mit roten Ziegeln ausgekleidete Süßwasserreservoir stammt möglicherweise aus dem späten 19. Jahrhundert. In jüngerer Zeit wurde es offenbar als Badeplatz für Freizeitaktivitäten genutzt, denn deutlich sind noch die Überreste eines Sprungturms sichtbar. Auch Teile eines Filtersystems für die Frischwasserversorgung sind erhalten. Der Stausee ist ein nützlicher Orientierungspunkt, um das mysteriöse einsame Grab des Japaners Omoto, etwa 100 Meter weiter oben am Hang, über eine abgenutzte Treppe aus rotem Backstein in Richtung Osten zu erreichen.

DAMPFBETRIEBENER HAFENKRAN

20

Den auf Gleisen fahrenden Kran gibt es noch, die Gleise hingegen nicht mehr

55 Pasir Panjang Road
SCC@Harbourfront
MRT: HarbourFront

Der alte Kran, der kürzlich an einen Platz neben dem historischen St.-James-Kraftwerk verbracht wurde, ist eine echte Kuriosität und erinnert an die Geschichte dieses Gebiets als einer der wichtigsten Häfen Singapurs.

Technisch gesehen ist ein „Lokomotiv-Kran" so konstruiert, dass er auf einem Eisenbahngleis fährt und Fracht von und zu Schiffen transportiert. Dieser hier wurde 1879 von *John H. Wilson & Co.* aus Liverpool, England, hergestellt und von einer Dampfmaschine angetrieben. Er konnte zehn Tonnen Last tragen und lief auf Gleisen mit 7-Zoll-Spurweite. Der vertikale Kessel stammt von *Walter W. Coltman & Co.* aus den Central Boiler Works, Loughborough, Großbritannien. Der Kran wurde von der in Privatbesitz befindlichen *Tanjong Pagar Dock Company* in Auftrag gegeben, die in den 1830er-Jahren in der Gegend von Tanjong Pagar eine große Muskatnussplantage besaß. Doch mit dem Aufkommen der Dampfschifffahrt in den 1860er-Jahren und der Eröffnung des Suezkanals 1869 wurde der Gewürzanbau zugunsten der lukrativeren Schifffahrt aufgegeben. Also baute die *Tanjong Pagar Dock Company* 1868 das *Victoria Dock*, und mit der steigenden Nachfrage nach Schiffsreparaturen eröffnete sie 1879 ein weiteres Dock – das *Albert Dock*. Für dieses Dock wurde der Kran gebaut, um Güter zwischen den Schiffen und den Eisenbahnwaggons hin und her zu bewegen.

Als die Schifffahrt zu einem wichtigen Motor für die Prosperität Singapurs geworden war, wurden im *Neuen Hafen* in Tanjong Pagar (der spätere *Keppel Harbour*) viele Waren zwischen hier und den Lagerhäusern am Singapore River umgeschlagen. Allerdings war die *Tanjong Pagar Dock Company* vielleicht ein wenig zu erfolgreich, denn sie kontrollierte fast alles Gelände in der Region, an denen große Überseedampfschiffe anlegen konnten. 1905 übernahm dann die Regierung der Straits Settlements die Gesellschaft und gründete das *Tanjong Pagar Dock Board.*

Im Jahr 1983 füllte die *Hafenbehörde von Singapur (PSA)* sowohl das *Albert Dock* als auch das *Victoria Dock* auf, um das nahe gelegene Containerterminal zu erweitern.

Überraschenderweise war dieser kleine Dampfkran bis zum Schluss in Betrieb und verrichtete ein ganzes Jahrhundert lang seine Arbeit.

FORT IMBIAH BATTERY

㉑

Ein Einblick für Wagemutige in die Militärinfrastruktur Singapurs im Zweiten Weltkrieg

Sentosa
Ständiger Zugang vom Imbiah Walk oder der Siloso Road, Sentosa
Gelegentliche Führungen durch Veranstalter wie
Singapur Heritage Board *und* My Community
MRT: Harbour Front, dann weiter mit der Monorail oder Straßenbahn nach Sentosa

Schon erstaunlich, dass bei all der schicken touristischen Entwicklung von Sentosa Island die Überreste der *Mount Imbiah Battery* immer noch hier im Dickicht zu finden sind. Nach Angaben der *Sentosa Development Corporation* sind die unterirdischen Gänge von einer Kolonie von etwa 100 Mauerseglern bewohnt, dem größten Schwarm dieser Vogelart Singapurs. Die Vögel, die sich in der Dunkelheit mit Hilfe von Echoortung orientieren, stellen aus ihrem Speichel Nester her, die für die Chinesen eine hochgeschätzte Delikatesse sind. Um die Vögel und ihre Nester zu schützen, ist das Innere des *Mount-Imbiah-Bunkers* für die Öffentlichkeit gesperrt – außer bei gelegentlichen Führungen, die von Organisationen angeboten werden. Dabei kann man durch die alten Munitionslager gehen, die buchstäblich von den Vögeln übernommen wurden.

Pulau Blakang Mati – *einst eine Bastion militärischer Stärke*

Einst glaubte man, dass *Pulau Blakang Mati*, das heutige Sentosa Island, die militärische Rettung Singapurs sein würde. Die britischen Kolonialherren bauten die südliche Insel mit militärischer Infrastruktur aus. Touristen kennen zwar das *Fort Siloso*, doch die *Mount Imbiah Battery* ist im dichten tropischen Dschungel untergegangen. Sie wurde als Schanze gebaut, um die anderen Forts zu unterstützen, und bietet heute Wagemutigen einen Einblick in die militärische Infrastruktur Singapurs im Zweiten Weltkrieg. *Pulau Blakang Mati* war bereits 1827 Teil der Verteidigungsstrategie Singapurs. In den 1880er-Jahren baute man drei Artillerieforts – *Serapong*, *Connaught* und *Siloso*, sowie die *Mount Imbiah Battery*. *Siloso* und *Imbiah* wurden zur Verteidigung des westlichen Eingangs zum Hafen von Singapur errichtet. *Imbiah* war dabei für 82 Infanteriesoldaten und 19 Kanoniere ausgestattet. Im Jahr 1914, zu Beginn des Ersten Weltkriegs, wurde dort eines der damals stärksten Geschütze zur Verteidigung der Küste platziert – ein 9,2-Zoll-Küstengeschütz. Mitte der 1930er-Jahre gab man die *Mount Imbiah Battery* zugunsten von Fort Connaught im Südosten von Blakang Mati auf, das ebenfalls die Küstengeschütze von *Imbiah* erhielt. *Imbiah* war jedoch weiterhin bemannt und diente bis zum Fall Singapurs an die Japaner im Jahr 1942 als Reservemagazin zur Munitionslagerung.

STRANDPROMENADE VON SENTOSA

(22)

Teile der alten Trasse der Monorailbahn im Dschungel von Sentosa

Sentosa Island – MRT: Harbourfront bis Sentosa Express Monorail

Folgt man zu Fuß oder mit dem Fahrrad dem Imbiah Walk von Sentosa, biegt kurz vor dem *Costa Sands Hotel* links in den Imbiah Trail ein und blickt dann nach oben, so sollte man einige rostige alte Abschnitte der Monorailbahn sehen können, die hier abrupt abgetrennt wurde – wie ein Teil einer alternden Kulisse auf einer verlassenen Bühne.

Der zwei Kilometer lange *Imbiah Trail* stammt aus den frühen Tagen von Sentosa in den 1970er-Jahren. Nur wenige Wanderer oder Radfahrer wissen, dass ein neueres Teilstück – ein Abschnitt der Promenade, der durch dichtes Blattwerk führt – aus alten Monorailschienen, die sich einst über die Insel schlängelten, gebaut wurde.

Bevor 2007 der glänzende, kugelförmige Sentosa-Express in Betrieb genommen wurde, erkundeten die Besucher die Insel mit der Sentosa-Monorail.

Langsam und gemächlich fuhr der Zug im Freien zwischen den Attraktionen auf einer erhöhten Schiene entlang, die sich über Hügel und durch Wälder schlängelte und einige schöne Naturausblicke bot. Zum Glück wurden einige der malerischsten Abschnitte der alten Monorailstecke in eine Promenade umgewandelt.

Auch das *Sentosa Nature Discovery Centre* ist eine umgebaute alte Monorailstation. Die einzigartigen Ausstellungsstücke des Zentrums bieten einen wissenschaftlichen Rahmen für die natürliche Landschaft entlang des Weges und bereiten die Besucher auf einen erbaulichen Naturspaziergang entlang des Imbiah Trails vor.

Der Pfad schlängelt sich durch 15 Hektar Wald auf dem Mount Imbiah und ist voll wilder Tiere. Auf dem Weg zum Gipfel des Mount Imbiah, 61 Meter über dem Meeresspiegel, werden die Wanderer von drei künstlichen Wasserfällen überrascht, wo sie noch Überreste der *Fort Imbiah Battery* aus dem Zweiten Weltkrieg sehen können (heute von Singapurs einziger verbliebener Mauersegler-Kolonie bewohnt; s. vorherige Doppelseite). Außerdem gibt es einen zehn Meter hohen Vogelbeobachtungsturm, von dem aus man einen herrlichen Blick auf die südlichen Inseln von Singapur hat.

Der *Imbiah Nature Walk* ist nur ein Teil von sechs Wanderwegen auf Sentosa Island – insgesamt etwa 7,5 Kilometer lang –, die mit dem *Southern Ridges Trailsystem* verbunden sind. Zu den *Sentosa Walking Trails* gehört auch der neue *Sentosa Boardwalk*, Südostasiens einzige gärtnerisch gestaltete Uferpromenade. Sie verbindet Sentosa Island mit dem Festland und ist mit Exponaten aus fünf Lebensräumen gestaltet, die auf Sentosa zu finden sind: Mangroven, Steingarten, Gelände und Hügel, Küstenflora und Sekundärregenwald.

LICHTTÜRME, VON DER GEISTERINSEL AUS GESEHEN

23

Abseits der urbanen Welt

Pulau Hantu (Ghost Island)
Charterboot vom West Coast Pier, 60 West Coast Ferry Road

Für alle, die mutig genug sind, einen abgelegenen Ort mit einem unheimlichen Namen zu besuchen, bietet *Pulau Hantu*, die *Geisterinsel*, einen wunderbaren Rückzugsort aus der urbanen Welt. Die Insel liegt einige Meilen vor der Südwestküste Singapurs und ist seit langem ein beliebtes Ziel für Camping und Picknicks für alle, die es sich leisten können ein Boot zu chartern, um dorthin zu gelangen. Ein Campingaufenthalt über Nacht – möglich mit einer Genehmigung der *Singapur Land Authority* – bringt eine Seite der Insel zum Vorschein, die nur wenige Menschen kennen – den Anblick der magischen Lichttürme auf der nahe gelegenen Pulau Bukom Besar.

Pulau Bukom Besar war die erste der Inseln Singapurs, die industrialisiert wurde – wie einige andere im Südwesten auch. *Shell*, das dort eine Raffinerie und einen petrochemischen Verarbeitungskomplex betreibt, wurde erstmals 1891 mit der Insel in Verbindung gebracht. Damals erwarb das Unternehmen die Insel, um dort Kerosin zu lagern. Das Unternehmen errichtete 1961 auf der Insel die erste Raffinerie Singapurs. Seitdem ist Bukom mit zwei seiner Nachbarinseln, Pulau Busing und Pulau Ular im Westen, verbunden worden. Der erweiterte petrochemische Komplex entstand auf der vergrößerten Landmasse. Beeindruckend ist die Ansicht bei Nacht, wenn sich die Lichter der Industrieschornsteine im Wasser spiegeln.

Pulau Hantu besteht eigentlich aus zwei kleinen Inseln, *Pulau Hantu Besar (Große Geisterinsel)* und *Pulau Hantu Kecil (Kleine Geisterinsel)*, die durch ein bei Ebbe sichtbares Watt verbunden sind. Es heißt, dass die Insel bei steigender Flut wie ein Gespenst verschwindet, was eine mögliche Erklärung für ihren merkwürdigen Namen sein könnte. Mit der Landgewinnung in den 1970er-Jahren wurde Pulau Hantu erweitert, und schwimmende Lagunen, die von palmengesäumten Stränden gesäumt sind, wurden Teil ihrer Topografie. Die Riffe, die die Insel umgeben, ziehen auch Taucher und Fischer an. Sehr oft sieht man jedoch nicht weit, meist zwischen einem und drei Metern, aber von Zeit zu Zeit gibt es gute Tage, an denen Taucher bunte tropische Fische und interessante kleine Meeresbewohner ausmachen können. Es gab einmal Pläne, Pulau Hantu in ein Urlaubsressort zu verwandeln, aber daraus wurde nichts, und jetzt dient die Insel als Zufluchtsort für die wenigen, die sie kennen. Es gibt keinen regelmäßigen Bootsverkehr zur Insel, aber man kann die halbstündige Fahrt dorthin mit einem vom West Coast Pier gecharterten Boot zurücklegen. Für eine Übernachtung werden neben einer Campingerlaubnis auch Lebensmittel, Trinkwasser, Mückenschutzmittel und Campingausrüstung empfohlen. Auf der Insel gibt es sanitäre Anlagen.

DER RAFFLES-LEUCHTTURM

24

Benannt nach dem Gründer des modernen Singapur

Pulau Satumu
mpa.gov.sg/web/portal/home/maritime-Singapur/public-outreach/mpalj
Besuch möglich via Learning Journeys

Singapur umfasst mehr als 50 Inseln, von denen allerdings nur einige wenige gut bekannt sind. Der *Raffles-Leuchtturm* auf der südlichsten Insel, *Pulau Satumu* oder *Coney Islet*, liegt so weit südlich, wie es in Singapurs kleinem Universum nur möglich ist (nicht zu verwechseln mit dem Leuchtturm in der *Raffles Marina* in Tuas, der gemeinhin als *Raffles Marina Lighthouse* bezeichnet wird). Der *Raffles-Leuchtturm* ist einer von fünf Leuchttürmen, die von der *Maritime and Port Authority (MPA)* von Singapur betrieben werden, und überragt die westliche Einfahrt in die überfüllten Gewässer der Straße von Singapur. Die *MPA* bietet von Zeit zu Zeit Touren *(Learning Journeys)* an, die auch einen Besuch des *Raffles-Leuchtturms* beinhalten (s. nebenstehende Website). Der Leuchtturm ist einer von nur zwei, auf die Leuchtturmwärter geschickt werden – heutzutage eine seltene Spezies. Die Teams aus zwei Wärtern wechseln sich alle zehn Tage ab: Jeder Wärter hat eine Zwölf-Stunden-Schicht, in der er Rundgänge macht und die Ausrüstung, einschließlich des Leuchtfeuers auf der Spitze des 22 Meter hohen Leuchtturms, wartet. Um auf die Spitze zu gelangen, müssen 107 Stufen erklommen werden. Das Leuchtfeuer, das früher mit Kerosin befeuert wurde und seit 1968 auf Strom umgestellt ist, besteht heute aus einer leistungsstarken Kombination aus Halogenlampen und Metallreflektoren und ist 20 Seemeilen weit sichtbar.

Der Grundstein für den Leuchtturm, der nach Sir Stamford Raffles benannt ist, wurde am 24. Mai 1854, dem Geburtstag von Königin Victoria, feierlich gelegt. Mit Hilfe von Sträflingsarbeitern und Baumaterial von der Granitinsel Pulau Ubin stellte man ihn eineinhalb Jahre später als zweiten Leuchtturm Singapurs fertig. Der erste, der *Horsburgh-Leuchtturm*, 1851 am östlichen Eingang der Straße von Singapur errichtet worden. Neben *Raffles* und *Horsburgh* betreibt die *MPA* Offshore-Leuchttürme auf Sultan Shoal und Pulau Pisang – der Leuchtturm auf Pulau Pisang, welches auf malaysischem Gebiet liegt, ist der zweite mit einem Wärter. Es gibt auch einen Leuchtturm auf dem Festland, den *Bedok-Leuchtturm*, der ganz im Stil Singapurs auf dem Dach eines 25-stöckigen Wohnblocks in Marine Parade steht.

Eine Ferienwohnung des Dr. Goh Keng Swee

Das Aussehen des Leuchtturms ist typisch für Leuchttürme der damaligen Zeit. Dahinter verbirgt sich jedoch eine Ferienwohnung, die von den leitenden Angestellten der Hafenbehörde genutzt wird. Die weit weniger typisch ist. Die Abgeschiedenheit der Insel war genau das, was der Architekt des wirtschaftlichen Erfolgs von Singapur, Dr. Goh Keng Swee, Ende 1959 suchte, als er sich in der Wohnung am Leuchtturm einschloss und an seiner ersten Haushaltsrede als erster Finanzminister des vollständig selbstverwalteten Singapurs arbeitete.

Pasir Gudang
23
22
Simpang
21
Yishun
Seletar
Ubin
18
Punggol
Sengkang
17
20
Loyang
Thomson
Hougang
19
Pasir Ris
6
15
16
Changi Airport
Tampines
14
Bishan
13
Potong Pasir
Simei
12
5
4
3
2
8
7
Bedok
S. 108
Geylang
Little India
1
9
Tanjong Katong
10
11
Fort Canning
S. 46
Tanjong Pagar
S. 10
Brani
Sentosa
Singapore Strait
Batam (Indonesia)
N
0
5
10 km

Das Landesinnere, die Ostküste und Changi

ONE-TWO-SIX CAIRNHILL ARTS CENTRE

①

Alte englisch-chinesische Schule

126 Cairnhill Road
MRT: Somerset

Das 1925 auf einem kleinen Hügel in der Orchard Road errichtete, heutige *One-Two-Six Cairnhill Arts Centre* wurde vom renommierten Architekturbüro *Swan & Maclaren* entworfen, das unter anderem für den *Teutonia Club* (heute *Goodwood Park Hotel*) und die *Sultan-Moschee* verantwortlich zeichnet. Zu der Zeit, als das Gebäude als *Englisch-Chinesische Schule (ECS)* gebaut wurde, waren *Swan & Maclaren* wegweisend für die moderne Architektur in Singapur. Das Gebäude, das heute zwischen den hoch aufragenden Wolkenkratzern in der Umgebung untergeht, ist einen Blick wert: Sein „halbchinesischer Stil", der sich in Details wie den geschwungenen Dachgesimsen und geometrischen Motiven zeigt, ist ein seltener hybrider Stil, der fast völlig aus dem Stadtbild von Singapur verschwunden ist.

Damals erlebte das Gebiet von Cairnhill, das einst eine Muskatnussplantage war, einen Bauboom. Mitte des 18. Jahrhunderts, als die Orchard Road noch aus Obstplantagen bestand, pflegte ein Mann namens Charles Carnie fast 5.000 Muskatnussbäume auf dem *Carnie's Hill* – daher der Name Cairnhill. Im Laufe der Jahre wurden entlang der Cairnhill Road Geschäfts- und Reihenhäuser gebaut, von denen einige außergewöhnliche Beispiele erhalten geblieben sind. In der Häuserreihe vor der einstigen *ECS* wurden die Nummern 128A bis 128H ebenfalls von *Swan & Maclaren* entworfen. Interessant ist, dass der Campus unmittelbar nach dem Zweiten Weltkrieg mit der *Monk's Hill Primary School* geteilt wurde, da damals zweckmäßige Schulgebäude Mangelware waren. Nachdem die *ECS* 1949 ausgezogen war, nutzte man das Gebäude weiterhin als Bildungseinrichtung, unter anderem vom *National Institute for Education (NIE)*. Nach Restaurierungsarbeiten im Jahr 1993 wurde es als Kunstzentrum wiedereröffnet und ist heute als *One-Two-Six Cairnhill Arts Centre* bekannt.

Old school

Während praktisch jeder Einheimische die *ECS* in der Barker Road kennt, erinnern sich nur noch wenige an die Zeit, als der Campus in Cairnhill lag. Diese Adresse war eine Station der 125 Jahre alten Einrichtung, die für die Elite Singapurs zu einem Symbol für hervorragende Bildung geworden ist. Doch trotz seiner langen Geschichte ist das Schicksal des Gebäudes derzeit unklar. Die *ECS* wurde 1886 vom Methodisten-Bischof William Fitzjames Oldham mit 13 Schülern in einem kleinen Geschäftshaus in der Amoy Street gegründet. Ein Jahr später zog die Schule nach einem sprunghaften Anstieg der Schülerzahlen in größere Räumlichkeiten in der Coleman Street um. In den 1920er-Jahren war die Schule so groß geworden, dass sie in einem neu gebauten Gebäude untergebracht werden konnte, wo sie 24 Jahre blieb, bevor sie in die Barker Road umzog.

DIE SCHWARZ-WEISSEN HÄUSER DER MOUNT PLEASANT ROAD ②

Nicht so schwarz-weiß, wie es scheint

159 Mount Pleasant Road
Buslinien 54, 141, 162, 166, 167, 851 und 980 von MRT: Novena – Haltestelle Old Police Academy (51021)

Die ruhige und schattige Mount Pleasant Road scheint genau das zu sein, was der Straßenname „Angenehme Anhöhe" andeutet. Gesäumt von großzügigen, schwarz-weißen Villen, sieht sie typisch aus für eine Straße, in der einst die Kolonialverwalter von Singapur lebten. Doch die weitläufigen Rasenflächen geben Hinweise auf ein Ereignis, das in den letzten Momenten von Singapurs schwärzesten Tagen stattfand.

Ein Haus, das einige seiner Geheimnisse preisgegeben hat, ist Haus Nr. 159. Es befindet sich nahe der Spitze der Anhöhe, die der Straße ihren Namen gibt, und weist die charakteristischen Merkmale des Schwarz-Weiß-Stils oder Mock-Tudor-Stils auf, der in den 1920er- und 1930er- Jahren vom *Public Works Department* beim Bau der Wohnhäuser für die ranghöchsten städtischen Beamten verwendet wurde. Zu den Merkmalen dieses Stils gehören Schrägdächer, breite Veranden und große Fensterfronten, um die Isolierung und Belüftung zu optimieren.

Auf dem Gelände von Haus Nr. 159 wurden Patronenhülsen gefunden, die in einer der letzten Schlachten vor dem unrühmlichen Fall Singapurs abgefeuert wurden. Es wurde auch ein Versteck mit unbenutzter Munition gefunden – ein Beweis für eine zügige Kapitulation und ein Hinweis darauf, wo die letzte Schlachtlinie verlief.

Weitere Beweise aus Interviews, die zuvor mit Überlebenden der Schlacht auf beiden Seiten geführt wurden, tragen dazu bei, das Bild eines Kampfes zu vervollständigen, für den die Ereignisse des 14. Februar 1942 die Bühne boten. Es war der Tag vor dem Fall Singapurs, als die eindringenden japanischen Truppen den *Bukit Brown Municipal Cemetery* durchbrachen, der auf der anderen Seite eines Tals im Nordwesten von Mount Pleasant liegt. Die verzweifelten Verteidiger, Versprengte mehrerer britischer Armeeeinheiten, zogen sich zurück und bezogen in den Häusern entlang der Mount Pleasant Road Stellung. Eines der Häuser, Nr. 160 – direkt gegenüber von Nr. 159 – wurde in der Nacht eingenommen, woraufhin am Morgen des 15. Februar ein Versuch unternommen wurde, es von Haus Nr. 159 aus zurückzuerobern. Mit Hilfe der in der Nähe stehenden Artillerie wurde Haus Nr. 160 auch tatsächlich zurückerobert.

Ein Dutzend Panzerabwehrgeschosse wurden in das Haus geschossen und vertrieben die Angreifer, lösten aber einen Brand aus. Dieses Ergebnis trug dazu bei, dass Haus Nr. 160 als das fragliche Haus identifiziert werden konnte, denn auf Luftaufnahmen, die einige Zeit nach Kriegsende gemacht wurden, ist Nr. 160 das einzige Haus mit einem neuen Dach, was darauf hindeutet, dass es nach dem Brand neu aufgebaut wurde. Auch wenn die Schlacht von geringer Bedeutung gewesen sein mag, so war sie doch insofern bedeutsam, als es sich um einen der letzten, wenn nicht gar den letzten Erfolg der britischen Seite gehandelt haben könnte. Nur wenige Stunden danach, am Nachmittag des 15. Februar 1942, wurde ein Waffenstillstand vereinbart und kurz darauf fiel Singapur in die Hände der Japaner.

DIE SIKH-GRABWÄCHTER DES *BUKIT-BROWN-FRIEDHOFS*

③

Ein Mix der Kulturen – auch dort, wo die Toten ruhen

Bukit Brown Cemetery, *Abzweig Adam Road*
Buslinien 74, 157 oder 852 von MRT: Tan Kah Kee (gegenüber des Tan-Kah-Kee -Busbahnhofgeschäfts 47019) – Haltestelle Bef Sicc (41141)

Der *Bukit-Brown-Friedhof*, ein riesiger chinesischer Friedhof, erstreckt sich über rund 160 Hektar Hügellandschaft im Zentrum Singapurs und ist mit seinen fast 100.000 Gräbern der größte chinesische Friedhof außerhalb Chinas. Inmitten der Gräber im chinesischen Hokkien-Stil sorgen einige Grabwächterfiguren für Abwechslung. Mit ihren dichten Bärten (bis auf wenige Ausnahmen) und Turbanen sind mindestens 26 Wächterpaare – Menschen in militärischer Kleidung – unverkennbar Sikhs. Die Sikhs sind ein wichtiger Teil des multikulturellen und multireligiösen sozialen Gefüges von Singapur, und es ist vielleicht keine Überraschung, dass ihre Statuen als Grabwächter verwendet wurden. Die ersten Sikhs in der Region kamen im Dienst des britischen Militärs oder als Polizisten nach Singapur.

Da sie für ihren Mut und ihr Pflichtbewusstsein respektiert wurden, fanden viele von ihnen Arbeit in Sicherheitsdiensten. Es war üblich, dass Sikh Jagas – so nannte man die Sicherheitskräfte – vor Finanzinstituten und anderen Einrichtungen Wache standen, die sicher einigen Personen gehörten, die nun auf Bukit Brown begraben sind.

Der *Bukit-Brown-Friedhof* wurde 1922 als städtischer Friedhof für Hokkien-Chinesen eröffnet. Seit seiner Schließung im Jahr 1973 ist der Friedhof mit seiner Flora und Fauna verwildert, was Naturschützer veranlasst hat, sich für seinen Erhalt einzusetzen. Bukit Browns Wert als kulturelles Erbe hat auch Denkmalschützer auf den Plan gerufen. Leider haben ihre Bemühungen nichts am Schicksal des Friedhofs ändern können, da große Teile langfristig für den Sozialwohnungsbau genutzt werden sollen. Einige Areale des Friedhofs sind bereits an den Straßenbau verloren gegangen, und bei der Verlegung der Lornie Road in den 1960er-Jahren wurden mehrere hundert Gräber exhumiert. In jüngerer Zeit machte der Bau einer achtspurigen Autobahn durch *Bukit Brown* die Exhumierung von weiteren 3.000 Gräbern erforderlich.

DIE BUKIT-BROWN-PFAUENFLIESEN ④

Symbole der Schönheit und Anmut

Bukit Brown Municipal Cemetery – *MRT: Botanic Gardens*

Während rein dekorativ gemusterte Fliesen auf den Gräbern des weitläufigen, fast hundert Jahre alten *Bukit-Brown-Friedhofs* recht häufig zu finden sind, sind solche, die Pfaue darstellen, eher selten. Eingebettet in das üppige Grün des Friedhofsbereichs 2 findet man auf einer Reihe von Gräbern Darstellungen von Pfauen in Form von Einzel-, Doppel- und Vierfachplatten.

Ein Doppelgrab aus dem Jahr 1936 wird von zwei Pfauenplatten flankiert. Nicht weit entfernt, in Bereich 1, befinden sich weitere Pfauenfliesen auf dem spektakulären Grabmal des Teenagers Eddie Chan Sin Chuan, das in den frühen Tagen der japanischen Besetzung Singapurs in den 1940er-Jahren errichtet wurde.

Als Jennifer Lim das Grab von Eddie Chan entdeckte, war es fast vom Dschungel verschluckt und aus Respekt konnte Lim nicht anders, als es freizuschneiden – leider nur für eine kurze Gnadenfrist, bevor es das schnell wachsende Blattwerk von *Bukit Brown* wieder zurückeroberte.

Als dekorative Elemente existieren Pfauen, auf Mandarin *kongquè* (孔雀) genannt, auf chinesischen Textilien schon seit 2.000 Jahren, sagt Lim. In der Ming-Dynastie verzierten Pfauen die Kleidung

hochrangiger Offiziere. Ein höherer Status könnte ihnen auch aufgrund ihrer Assoziation mit dem Phönix verliehen worden sein, einem mythischen Vogel, der in der chinesischen Kultur Schönheit und Anmut repräsentiert, was die Beliebtheit dieses Vogels an einem so heiligen Ort wie einer letzten Ruhestätte erklären könnte.

In den Anfängen Singapurs wurden Fliesen mit Pfauenmotiven wie diese wohl in England hergestellt, wo man ab Mitte des 18. Jahrhunderts von östlichen Dekorationselementen geradezu besessen war. In Indien, wo der Pfau der Nationalvogel ist, taucht er in vielen alten Kunstformen auf. In den 1920er-Jahren mussten Pfauenfliesen jedoch nicht mehr so weit reisen, da japanische Fliesenhersteller mit ihren eigenen exquisiten Exemplaren auf den südostasiatischen und indischen Markt drängten und Fliesen für Tempel, Gräber und prunkvolle Häuser lieferten.

Eine holländische Windmühle auf einem chinesischen Grab

Auf dem angrenzenden *Seh-Ong-Hill-Friedhof* sind die mit Gras bewachsenen Hänge mit halbrunden Gräbern übersät. Ein Grab aus den 1960er-Jahren weist sechs wunderschöne, bunte Fliesen auf, die europäische und asiatische Landschaften darstellen. Eine Fliesenplatte zeigt eine holländische Windmühle, eine andere eine europäische Gebirgslandschaft, und eine weitere eine japanische Landschaft mit windgepeitschten Kiefern, einem Fischerboot und dem Berg Fuji. Die friedlichen Bilder sollen dazu beitragen, die Verstorbenen mit den für das Feng Shui – für viele Chinesen ein lebenswichtiges Prinzip – so wichtigen Elementen Berge und Wasser zu umgeben.

DIE Y-FORM DES *TOA-PAYOH-BLOCKS* 53

⑤

Einzigartige Form für einen VIP-Block

Toa Payoh Lorong 5 – MRT: Braddell

Mit seinen Reihen von vier Zweizimmer-Appartments entlang eines luftigen gemeinsamen Korridors sieht *Block 53* in Toa Payoh wie jeder andere Sozialwohnungsblock aus, der in den 1960er-Jahren vom *Housing and Development Board (HDB)* gebaut wurde. Da er jedoch als „Mustersiedlung" Würdenträgern vorgeführt werden sollte, wurde er in einem einzigartigen Y-förmigen Grundriss entworfen, um sich von der wachsenden Zahl anderer Sozialwohnungskomplexe abzuheben. Der auf einer kleinen Anhöhe in der ersten Satellitenstadt errichtete *Block 53*, dessen Planung das *HDB* komplett kontrollierte, war der erste errichtete „VIP-Block" des *HDB*. Bei seiner Fertigstellung 1967 war er mit 19 Stockwerken der höchste Wohnungsblock in Toa Payoh und verfügte über eine Aussichtsplattform auf dem Dach, auf das man die Würdenträger führen konnte. Die neue Stadt, ein Symbol für den bemerkenswerten Erfolg, den Singapur mit seinem Programm für den sozialen Wohnungsbau hatte, musste einfach hergezeigt werden. Der erste, der das Dach bestieg, war John Gorton, Premierminister von Australien, im April 1968. Ihm folgten eine Reihe von Premierministern und Staatsoberhäuptern. Im Februar 1972 wurden Königin Elisabeth II., Prinz Philip und Prinzessin Anne ebenfalls auf das Dach geführt. Und um das Erlebnis zu vervollständigen, wurde den Würdenträgern auch eine der Wohneinheiten des Blocks gezeigt. Die Dachgalerie ist inzwischen geschlossen.

JAPANISCHER FRIEDHOFSPARK ⑥

Der größte japanische Friedhof in Südostasien

Chuan Hoe Avenue – Tgl. 8–18.30 Uhr – MRT: Kovan

Nur wenige wissen, dass sich der größte und am besten erhaltene japanische Friedhof Südostasiens in Singapur befindet und dass in mindestens einem Drittel der 910 Gräber *karayuki-san*, japanische Prostituierte, ruhen. Der 30.000 Quadratmeter große japanische Friedhofspark in Singapurs Stadtteil *Serangoon North* wurde 1891 von drei japanischen Bordell- und Kautschukplantagenbesitzern gegründet, die dann von der Regierung die Erlaubnis erhielten, dort die *karayuki-san* zu begraben, die in Singapur gearbeitet hatten. Das Friedhofsgelände entstand zum Teil durch Abholzung ihrer eigenen Plantagen. Neben den Prostituierten nahm der Friedhof im Laufe der Jahrzehnte auch verstorbene Japaner aus allen Gesellschaftsschichten auf, um der wachsenden Gemeinde japanischer Auswanderer Rechnung zu tragen.

Auf dem Friedhof befinden sich Gedenkstätten für japanische Kriegsopfer des Zweiten Weltkriegs, darunter solche, die nach der japanischen Kapitulation Selbstmord begangen hatten, und andere, die als Kriegsverbrecher hingerichtet wurden. In einer Ecke stehen drei Gedenksteine, die von japanischen Kriegsgefangenen aufgestellt wurden. Dahinter befindet sich ein Grab mit der Asche des *Syonan Chureito*, einem Mahnmal, das während der japanischen Besatzung zu Ehren der japanischen Soldaten errichtet wurde, die bei der Einnahme von Singapur gefallen waren. Die Japaner entfernten das Mahnmal am Ende des Kriegs aus Angst vor Entweihung und verlegten die Asche hierher.

Der japanische Friedhofspark wurde 1973 für neue Bestattungen geschlossen und 1987 zu einer offiziellen Gedenkstätte erklärt. Heute ist der Park ein Ort der Ruhe und wird von der Japanischen Vereinigung sorgfältig gepflegt, die 1986 eine malerische Gebetshalle errichtete und einige Gummibäume zur Erinnerung an die Ursprünge des Friedhofs pflanzte.

Das Grab von Feldmarschall Graf Hisaichi Terauchi, dem Oberbefehlshaber des Südkommandos der Kaiserlichen Japanischen Armee, befindet sich ebenfalls auf dem Friedhof, ist aber leer. Er starb 1946 als Kriegsgefangener in Johor – seine Asche wurde zu seiner Familie nach Japan zurückgeflogen.

DAS ERSTE NACHKRIEGS-FILMSTUDIO

⑦

Eine einstige Hochburg des Films

Singapore Film Studios, *8 Jalan Ampas – MRT: Novena*

In einer ruhigen Seitenstraße der Balestier Road mit unscheinbaren Wohnblocks und Industriegebäuden stehen mehrere Betonstrukturen, die hinter einem verschlossenen Tor leicht zu übersehen sind. Ein älterer Hausmeister kehrt um die Topfpflanzen herum, die hie und da in dem ansonsten verlassenen Innenhof stehen – einem Ort, der einst

ein wichtiger Dreh- und Angelpunkt für die Filmindustrie Singapurs war. So unscheinbar es heute auch wirkt, war das Filmstudio der Shaw Brothers in den 1950er- und 1960er-Jahren das Epizentrum des Goldenen Zeitalters des Kinos in Singapur, wo Schauspieler und Sänger wie der berühmte P. Ramlee ausgebildet wurden und Berühmtheit erlangten. Auch Hollywood-Größen wie Ava Gardner und John Wayne zählten zu seinen Besuchern. Die Shaws rüsteten ihr *Jalan-Ampas-Studio* mit den modernsten Aufnahmegeräten aus, sogar mit aus Amerika importierten Filmkameras. Einer der letzten Filme, die in diesem Studio gedreht wurden, war *Raja Bersiong*, der trotz des zehnfachen Aufwands einer durchschnittlichen Filmproduktion in Singapur kein großer Erfolg wurde. In dem Film, der auf einer Geschichte des damaligen malaysischen Premierministers Tunku Abdul Rahman basiert, hatten auch die Kinder des Herrschers eine Rolle.

Heute werden die Tore gelegentlich für kleine Gruppen unerschrockener Neugieriger geöffnet, die sehen wollen, was von Singapurs erstem Nachkriegs-Filmstudio übrig geblieben ist, und so das Rampenlicht wieder auf das lenken, was einst eine so wichtige Bühne für die geliebten Filme der Region war. An der Rückseite des Gebäudes befindet sich über einer verwitterten Holztür ein „Ruhe Bitte"-Signal, das einst rot blinkte, wenn im Studio Aufnahmen stattfanden. Eine große, sperrige Kamera mit riesigen Filmrollen steht noch im Hof herum, und an den Wänden des Gebäudes sind mehrere SB-Logos (Shaw Brothers) zu sehen.

Die Gebrüder Shaw, deren Vater sein Vermögen im Textilhandel in Shanghai gemacht hatte, stiegen in den 1930er-Jahren in Singapur ins Filmgeschäft ein und betrieben Filmstudios, Vertriebsnetze und Kinos. Im Jahr 1947 eröffneten sie das erste Filmstudio der Nachkriegszeit, Singapurs *Mollywood* für malaiische Filme. Im Laufe von zwei Jahrzehnten wurden in den Shaw Studios mehr als 160 Filme von der Firma der Brüder, *Malay Film Productions (MFP)*, produziert, darunter der allererste Film, die Musikkomödie *Singapura Di-Waktu Malam* oder *Singapur bei Nacht*. Der einzige andere Konkurrent zu dieser Zeit war Cathay. Der Namen beider Unternehmen lebt heute noch in Form von Multiplex-Kinos rund um Singapur weiter.

DAS ALTE FIRMENGEBÄUDE DER *KHONG-GUAN-KEKSFABRIK* ⑧

Ein sonderbares Gebäude aus der Mitte des Jahrhunderts mit einer „süßen" Vergangenheit

2 MacTaggart Road
MRT: Tai Seng

In einer Gegend voller eintöniger Lagerhäuser und Konsumgüterindustrie steht unscheinbar und versteckt ein seltsames Gebäude, das ein bisschen wie ein Boot aussieht.

Das verwitterte, trapezförmige Gebäude im Stil des Modernismus der Nachkriegszeit, das in den spitzen Winkel zwischen der MacTaggart und Burn Road eingeklemmt ist, hat eine ziemlich „süße" Vergangenheit. Ganz oben an der Hauptfassade verkünden zwei große chinesische Schriftzeichen den Namen einer der beliebtesten und erfolgreichsten einheimischen Keksmarken Singapurs, *Khong Guan* – gegründet von zwei aus China eingewanderten Brüdern.

Sie bauten diese dreistöckige Fabrik im Jahre 1952. In den unteren Stockwerken waren das Büro, das Lager und ein Geschäft von *Khong Guan* untergebracht, während in den oberen Stockwerken einige Mitglieder der Familie Chew eine Zeit lang wohnten. Das Gebäude glänzt mit ausgeprägten modernistischen Merkmalen, von einfachen Zierleisten aus farbigen Mosaikfliesen bis hin zu schmalen, von vertikalen Lamellen umrahmten Fenstern, Bullaugenfenstern und Fenstergittern mit altmodischen Mustern.

Welcher Einwohner Singapurs hat nicht schon einmal genüsslich in den süßen Klecks farbigen Zuckergusses eines winzigen *Khong-Guan-Perlenkeks* gebissen? Aber wie viele wissen, dass dies einst die zweitbeliebteste Keksmarke in China war? Diese beeindruckende Auszeichnung wurde dem Unternehmen 1993 von der Zeitschrift *Zhong Guo Ming Pai* verliehen – nicht schlecht für ein kleines Unternehmen, das in den Nachwehen des Zweiten Weltkriegs gegründet wurde.

Chew Choo Keng, ein junger Mann, der noch vor dem Krieg aus der chinesischen Provinz Fujian eingewandert war, arbeitet in einer Keksfabrik, bevor er sich, zuerst mit einigen erfolgreichen Unternehmungen in Malaya selbstständig machte, und dann in Singagpur die *Khong Guan Biscuit Factory* mit einem Kapital von etwa 184.000 US-Dollar gründete. Sein Bruder, Chew Choo Han, war sein Geschäftsleiter. Gemeinsam erwirtschafteten sie mit diesem und einem weiteren Unternehmen, *Khong Guan Flour Milling*, ein Vermögen.

Beide Brüder sind inzwischen verstorben, aber das Gebäude, das 2005 unter Denkmalschutz gestellt wurde, ist noch im Besitz der Familie Chew. Sie plant, die Fassade des Gebäudes zu erhalten und das Innere zu modernisieren, um darin weiterhin Konsumgüter zu produzieren.

DIE LANDEBAHN DES *FLUGHAFENS KALLANG*

⑨

Eine Straße zum Starten und Landen

Old Airport Road – MRT: Mountbatten

Die erste Landebahn des Flughafens Kallang war ein von den Japanern während der Besatzungszeit gepflasterter Streifen, der nach dem Krieg in den Jahren 1951/52 verlängert wurde. Diese Verlängerung wurde nach der Schließung des Flughafens 1955 in eine Straße für den Fahrzeugverkehr umgewandelt und ist auch heute noch eine wichtige Verbindung zwischen den stark befahrenen Straßen Mountbatten und Tanjong Katong. Früher verfügte der *Flughafen Kallang* über einen kreisförmigen Flugplatz, auf dem Flugzeuge aus jeder Richtung landen konnten. Durch eine Gleitbahn im angrenzenden Kallang River konnten

dann schließlich auch Wasserflugzeuge im gleichen Abfertigungsgebäude wie normale Flugzeuge abgefertigt werden.

Der Bau des Flughafens begann 1931 mit der Urbarmachung von mehr als 122 Hektar Mangrovensumpf am Zusammenfluss von Kallang, Geylang und Rochore. In seiner Blütezeit wurde der *Kallang Airport* als der schönste Flughafen im Britischen Empire bezeichnet. Die schlichte und elegante Schönheit im Stil der Britischen Moderne wurde von Frank Dorrington Ward, dem Chefarchitekten des *Public Works Department* entworfen. Die sanften stromlinienförmigen Kurven und die klaren horizontalen Linien des zweistöckigen Terminals aus Glas, Stahl und Beton sowie des Kontrollturms im Freien haben die Zeit gut überstanden, was zum Teil einem Facelifting in den 1990er-Jahren zu verdanken ist, als die grün getönten Fenster, das ursprüngliche Haupttor, die Laternenpfähle und die Treppenstufen am Fuß des Gebäudes restauriert wurden.

Glücklicherweise wurde das Terminal 2008 unter Denkmalschutz gestellt. Nach seiner Stilllegung war der Flughafen Sitz der Volksvereinigung, die zum Kulturministerium der Regierung gehört, und wurde später als Ort für Veranstaltungen wie Modeschauen benutzt. Auf dem einst weitläufigen Flugfeld befinden sich seit Jahrzehnten die Nationalstadien Singapurs, darunter das neueste – ein riesiges Stadion mit 55.000 Plätzen und Faltdach – das *Singapur Sports Hub.*

Ein Luftfahrtwunder des Ostens

1937 kletterte die Pilotin Amelia Earhart aus ihrer silbernen *Lockheed Electra*, nachdem sie auf der grasbewachsenen Landebahn des brandneuen *Flughafens Kallang* in Singapur gelandet war, wo sie während ihres zweiten Weltumrundungsversuchs einen zwölfstündigen Zwischenstopp einlegte. Der Geschichte zufolge war Earhart beeindruckt und nannte ihn „ein Luftfahrtwunder des Ostens".

ALTE DEICHE UND TREPPEN

⑩

Einst trennten Deiche mondäne Anwesen vom nahgelegenen Strand

Singapore's East Coast
Marine Parade Road
MRT: Mountbatten

Vor mehr als einem Jahrhundert wurden entlang der Ostküste Singapurs schicke Villen gebaut, mit Rasenflächen, die bis zum Strand reichten. Bevor die Landgewinnung in den 1960er-Jahren die Küstenlinie Singapurs zu verändern begann, war ein Deich das Einzige, was zwischen den Villen an der Küste und dem nahen Ozean lag. Entlang der heutigen Marine Parade Road, die nahe der ursprünglichen Küstenlinie angelegt wurde, sind noch ein paar Stücke dieses Deichs erhalten. Gleich östlich der Still Road ist noch ein Rest der alten Steinmauer aus der Kolonialzeit mit einer Treppe zu sehen, die zum Meer führte, obwohl die Villa, die sie einst vor dem Ozean schützte, längst verschwunden ist. Ein weiteres Stück Deich ist nahe der Ecke Nallur Road und Marine Parade Road zu sehen.

Ein prächtiges Anwesen am Meer

An der Kreuzung von Still Road und Marine Parade Road kann man noch eine alte Mauer und das dazugehörige Herrenhaus erkennen. Die dicke Mauer steht ungefähr dort, wo der Strand das Anwesen *Karikal Mahal* begrenzt hätte, als es zwischen 1917 und 1920 vom reichen indischen Viehhändler Moona Kadir Sultan erbaut wurde. Damals war die Ostküste ein ruhiger Ort, weit entfernt vom Trubel der überfüllten Innenstadt Singapurs, an dem die Brise vom Südchinesischen Meer für Abkühlung sorgte. Das Herrenhaus kostete Moona Kadir Sultan etwa eine halbe Million Straits Dollars – damals ein Vermögen. Und er ging aufs Ganze, indem er eine Mischung aus klassischer italienischer, viktorianischer und indisch inspirierter Architektur mit Bögen, korinthischen Säulen, Pilastern und kunstvollen Stuckverzierungen nachbaute. Das Anwesen war groß genug für Kadirs zahlreiche Ehefrauen und Kinder, die in vier separaten Häusern untergebracht waren. Inmitten der weitläufigen Gärten wurden auch ein künstlicher See und ein Springbrunnen angelegt. Nach dem Zweiten Weltkrieg, 1947, wurde Kadirs Anwesen an die *Lee Rubber Company* verkauft und in das preisgünstige *Grand Hotel* mit 20 Zimmern umgewandelt. Das Hotel hielt sich bis zum Jahr 2000, als es geschlossen werden musste. Im Jahr 2003 wurde es unter Denkmalschutz gestellt, und 2016 vermietete *Lee Rubber* es an zwei Vorschulen, die es wunderschön restaurierten – ein Neubeginn für eine Grande Dame.

DAS GRAB VON TOK LASAM

(11)

Grabstätte von Siglaps legendärem Gründer

Feld am Ende von Jalan Sempadan, Abzweig Upper East Coast Road
MRT: Bedok (Siglap MRT ab 2024 in Betrieb)

Auf einem offenen Feld, flankiert von zwei großen Bäumen, befinden sich die Gräber von Tok Lasam und seiner Frau. Es gibt mindestens vier Versionen der Legende über Tok Lasam, seine Herkunft und seine Taten, aber alle stimmen darin überein, dass er für die Gründung des Dorfes Siglap an der Ostküste von Singapur verantwortlich war. Die unwahrscheinlichste dieser Legenden besagt, dass er im 17. Jahrhundert aus Sulawesi gekommen und im Alter von 162 Jahren gestorben sei. Die glaubwürdigste jedoch erzählt davon, dass er ein kleiner Prinz aus Sumatra im heutigen Indonesien war und ursprünglich *Raja Sufian* (Prinz Sufian) genannt wurde. Er und seine Anhänger waren irgendwo an der Ostküste der Insel Singapur gelandet und hatten beschlossen, sich dort niederzulassen. Nachdem er 1821 Zeuge der einzigen vollständigen Sonnenfinsternis in Singapur geworden war, nannte Tok Lasam sein Dorf *Kampong Siglap* – eine Verballhornung von *Si Gelap*, was so viel wie „Ort der Finsternis" bedeutet. Tok Lasam soll Nai, eine Frau aus Johor, geheiratet haben, die ihm viele Kinder gebar.

Der Piratenflüsterer

Tok Lasam war für sein Geschick im Umgang mit Piraten bekannt. Einmal ankerte ein Schiff aus China, das geschmuggeltes Opium transportierte, an der Küste von Siglap, was die Briten vor ein Dilemma stellte. In der Kleidung eines Fischers näherte sich Tok Lasam dem chinesischen Schiff unter dem Vorwand, Fisch verkaufen zu wollen. Der Kapitän lud ihn an Bord ein und Tok Lasam überredete ihn dort, sich zu ergeben und brachte ihn zur Polizeistation. Danach ging die Zahl der Piratenaktivitäten zurück. Tok Lasam verlangte von den Briten keine Anerkennung. Er wurde anschließend zum *Penghulu* (Vorsteher) von Kampung Siglap ernannt. Eine Überprüfung der Eigentumsurkunden ergab, dass 1860 einem *Penghulu* (Vorsteher) Abdul Assam Land in der Nähe von Jalan Sempadan zugesprochen wurde, und es hat fast den Anschein, dass der Name Abdul Assam eine Umschreibung von Tok Lasam ist, und dass es sich tatsächlich um ein und dieselbe Person handelt.

JACKIE CHANS ALTE CHINESISCHE HÄUSER

⑫

Einmalig in Singapur

Singapore University of Design and Technology (SUTD)
8 Somapah Road
MRT: Upper Changi oder EXPO

Der futuristische Campus der *Singapur University of Design and Technology (SUTD)* wurde 2015 fertiggestellt und besticht durch elegante Gebäude und Landschaftsgestaltung. Die von der niederländischen Firma *UNStudio* und dem lokalen Büro *DP Architects* entworfenen Gebäude sind in leuchtenden Farben gehalten und stechen ganz klar hervor.

Was einen Besuch der *SUTD* jedoch lohnenswert macht, ist nicht das Neue, sondern das Alte – in dem modernen Komplex befinden sich vier alte Gebäude, die auf den ersten Blick im Widerspruch zu dem modernen Ambiente zu stehen scheinen.

Die rund 400 Jahre alten Bauwerke stammen aus der chinesischen Provinz Zhejiang. Es handelt sich dabei um eine chinesische Opernbühne, einen Pavillon aus der Qing-Periode und Teile von zwei Häusern aus der Ming- und Qing-Zeit. Als Stifter dieser Gebäude, die einzigen ihrer Art in Singapur, deren traditionelles chinesisches Design dem Minnan-Stil aus dem südlichen Fujian entspricht, gilt, was man vielleicht eher für unwahrscheinlich halten würde, der Hongkonger Actionstar Jackie Chan.

Ein Merkmal des Zhejiang-Stils, auf das man bei den vier Bauwerken achten sollte, sind die kunstvoll geschnitzten, übergroßen Kragbögen oder Stützen. Der Pavillon fällt durch seine hölzernen Balustraden im Suzhou-Stil auf, und wenn man nach oben über die Opernbühne blickt, fällt einem die interessante Deckenkonstruktion auf – sie hat die Form einer Kuppel und ist eine geschickte Methode, um die Akustik der Freilichtbühne zu verbessern.

Vor einem künstlichen See stehen die Vorder- und die Rückfront von zwei verschiedenen Häusern ähnlicher Größe. Sie sind wie ein Haus zusammengebaut und durch Glasscheiben geschlossen, um die Klimatisierung zu ermöglichen.

In der vorderen Hälfte befand sich früher der Hauptsaal. Hier wurden traditionell die Gäste empfangen – die fein gearbeiteten Holzsäulen sind noch gut zu erkennen. Die innere Halle im hinteren Teil, in der sich private Bereiche wie die Schlafzimmer befanden, ist dagegen mit groben, unbearbeiteten Säulen ausgestattet, eine Praxis, die aus Kostengründen weit verbreitet war – aus den Augen, aus dem Sinn.

Die Schenkung der alten Bauten im Jahr 2009, mit der Chinas Kulturdenkmäler außer Landes gebracht wurden, war nicht unumstritten. Chan war jedoch der Meinung, dass sie in der Universität am besten erhalten werden könnten. Die vier Bauwerke gehören zu einer Einheit aus zehn Gebäuden, die Chan in den 1990er-Jahren kaufte, abbaute und einlagerte, um sie für seine Eltern wieder zusammenzubauen. Für den Zusammenbau mussten chinesische Handwerker herangezogen werden, da man in Singapur nicht viel über ihre ursprüngliche Montage wusste.

WANDGEMÄLDE EINES FERNSEH-TESTBILDS VON FRÜHER

13

Das TV-Testbild auf den Fassaden von Sozialwohnblöcken

Public Housing Blocks, *Tampines Street 41*
MRT: Tampines

Einige der *HDB*-Wohnkomplexe in Singapur sind in leuchtenden Farben gestrichen und haben flippige Metallfensterläden, aber nur wenige sind mit riesigen Wandmalereien mit einer Botschaft geschmückt. Die Retro-Bilder an den Fassaden von 15 Wohnblocks in der Tampines Street 41 sind mehr als nur abstrakte Dekoration. Es handelt sich um sechs Stockwerke hohe Gemälde eines alten Fernseh-Testbilds, nämlich genau dem, das den Fernsehsendern und Zuschauern bei der Feinabstimmung des Fernsehempfangs für die Schärfe- und Farbkorrektur half, wobei sich diese Testbilder auf der ganzen Welt stark unterscheiden. Das in diesen Wandgemälden gezeigte spezielle Testbild mit seiner Reihe von Formen, Linien und Farben, die einen Kreis in einem quadratischen Muster bilden, war das Testbild, das in Singapur verwendet wurde. Ältere Einwohner kennen dieses Testbild aus den Tagen vor dem digitalen Fernsehprogramm, denn nachts, in den frühen Morgenstunden und tagsüber, wenn die lokalen Fernsehsender keine Sendungen ausstrahlten, richteten sie eine Kamera auf dieses Testbild und übertrugen es.

Die Wandmalereien wurden im Jahr 2015 im Zuge der routinemäßigen Sanierungs- und Erneuerungsarbeiten an den Wohnblöcken angebracht, um mit Hilfe des sozialen Gedächtnisses nicht nur den Gebäuden einen gewissen Charakter zu verleihen, sondern auch den Bewohnern ein Gefühl der Zugehörigkeit zu vermitteln. Zu Beginn der Renovierungsarbeiten sah der Parlamentsabgeordnete für Tampines, Baey Yam Keng, der ein Auge für Design hat, eine Reihe von Farbvorschlägen für den Außenanstrich. Ihm fiel auf, dass einer der Vorschläge den Farben des altbekannten TV-Testbilds ähnelte. Schließlich stimmten die Bewohner von Tampines diesem Testbild zu, und die Gebäude, die mit Wandmalereien verziert werden konnten, wurden genau in diesem beliebten Muster gestrichen.

DIE TORE DES ALTEN *CHANGI-GEFÄNGNISSES*

(14)

Ein Symbol des Leidens und der Kraft des menschlichen Geistes während des Kriegs

Upper Changi Road
Buslinie 2 von MRT: Tanah Merah; Buslinie 29 von MRT: Tampines

Zwar wurde ein Großteil des alten *Changi-Gefängnisses* 2004 abgerissen, doch jeder aufmerksame Beobachter wird feststellen, dass ein Teil der alten Gefägnismauern – das berühmte stählerne Eingangstor und zwei Wachtürme an der Wand – erhalten geblieben sind.

Zum 72. Nationaldenkmal Singapurs ernannt, fielen die Erhaltung des 230 Meter langen Mauerstücks und der Türme des *Changi-Gefängnisses* nicht leicht. Erst nach intensivem Druck australischer Politiker wurde die Entscheidung 2003 getroffen, als bekannt wurde, dass man den alten Komplex abreißen wollte. Etwa 15.000 aller Kriegsgefangenen von *Changi* waren Australier, und obwohl der Anblick des Gefängnisses schmerzhafte Erinnerungen wachgerufen haben mag, war man der Ansicht, dass es als Symbol für die Opfer und das Leid derjenigen, die überlebt haben, und als Symbol für die Kraft des menschlichen Geistes erhalten werden sollte.

Das Tor hat eine besondere Bedeutung, da es durch die vielen veröffentlichten Fotos berühmt wurde, die zeigen, wie Kriegsgefangene bei ihrer Befreiung aus dem Tor herausdrängten.

Obwohl nur ein kleiner Teil des ursprünglichen Komplexes erhalten geblieben ist, hat dies zu einer gewissen Akzeptanz und einem gewissen Abschluss der Geschichte bei denjenigen geführt, die sich für seinen Erhalt eingesetzt haben.

Der Bau des ursprünglichen *Changi-Gaols* stand im Zusammenhang mit der Umgestaltung der Sicherheitskräfte in Singapur angesichts der raschen Verstädterung und der steigenden Kriminalität. Diese Bemühungen, die in den 1920er- bis 1930er-Jahren stattfanden, umfassten auch den Bau einer Ausbildungsstätte, neuer Polizeistationen und Kasernen. Das Gefängnis, ausgelegt für 600 Insassen, wurde im Januar 1937 in Betrieb genommen – fünf Jahre bevor Singapur in die Hände der Japaner fiel.

DIE GESICHTER DER *CHANGI*-WANDMALEREIEN

⑮

Gemälde aus der Zeit des Zweiten Weltkriegs

The Changi Chapel and Museum, *1000 Upper Changi Rd North*
nhb.gov.sg/changichapelmuseum
Di–So 9.30–17.30 Uhr (letzter Zutritt 17 Uhr), feiertags auch Mo geöffnet
Buslinie 2 von MRT: Tanah Merah – Haltestelle Changi Chapel and Museum (97201); buslinie 29 von MRT: Tampines bis Haltestelle Changi Chapel and Museum (97209)

Das *Changi-Museum* zeigt fünf Fresken, die während der japanischen Besatzung gemalt wurden und dem ansonsten tristen und verlassenen Barackenblock unerwartet Farbe verleihen. Vier der Wandgemälde, die als Dekoration für die bescheidene kleine Kapelle des heiligen Lukas auf dem Dach des Kriegsgefangenenlagers *Changi* gedacht waren, stellen biblische Szenen dar – die *Geburt Christi*, die *Himmelfahrt Christi*, die *Kreuzigung Christi* und das *Letzte Abendmahl*. Ein fünftes Gemälde zeigt den heiligen Lukas, den Schutzpatron der Ärzte. Der Künstler drückte in diesen Bildern aus, was er um sich herum beobachtet hatte. Die Figuren seiner Wandgemälde haben die Gesichter seiner Mitgefangenen, und in der Kreuzigungsszene bestehen die Lendenschürzen der Sklaven aus den Lumpen, die die Gefangenen trugen. Die inzwischen geschützten Wandmalereien befinden sich in Block 151 des Sperrgebiets des Changi-Luftwaffenstützpunkts. Eine Nachbildung (Projektionen der Wandmalereien) kann im nahe gelegenen, neu gestalteten *Changi-Museum* besichtigt werden, wo auch die Kapelle nachgebaut wurde. Das Werk des Patienten Stanley Warren ist eine eindringliche Erinnerung an die finsteren Tage, als der Raum eine provisorische Kapelle für ein Kriegsgefangenenlazarett war. Den kranken Soldaten, die weit weg von ihrer Heimat und ihren Familien in Gefangenschaft waren, spendeten die Malereien Trost und Hoffnung. Sie erzählen zugleich vom Triumph des menschlichen Geistes im Angesicht des Unglücks.

Die Arbeiten dauerten sieben Monate, von 1942 bis 1943, und stellen eine bemerkenswerte Leistung dar. Warren erledigte die Aufgabe, um die ihn der Gefängniskaplan gebeten hatte, zwischen Anfällen von Ruhr und Nierenleiden. Da er nur wenige Materialien zur Verfügung hatte, benutzte er braune Tarnfarbe, zerbröckelte blaue Billardkreide, und fertigte seine Pinsel aus Menschenhaar. Er mühte sich dann zwei Monate lang ab, um die *Geburt Christi* bis Weihnachten 1942 fertigzustellen. Für die übrigen vier Werke benötigte er weniger lang – sie waren im Mai 1943 fertig. Später wurde die Kapelle in ein Geschäft umgewandelt und die Wandmalereien gerieten in Vergessenheit. Erst 1958 wurden drei Gemälde, und ein Teil eines vierten wiederentdeckt. Warrens Identität wurde ermittelt, als ein Buch mit dem Titel *The Churches of Captivity in Malaya* gefunden wurde, das eine Beschreibung dieser Kapelle enthielt. Als Warren gebeten wurde, sein Werk zu restaurieren, lehnte er zunächst ab, änderte aber seine Meinung und kam kurz vor Weihnachten 1963 hierher zurück.

DIE *JOHORE* BATTERY

16

Die Spur eines „Monstergeschützes“ aus dem Zweiten Weltkrieg

27 Cosford Road
Buslinie 29 von MRT: Tampines – Haltestelle Changi Baptist Church (97061)

Die Cosford Road am westlichen Rand des Changi-Flughafens ist ein Gebiet, das durch hohe Stacheldrahtzäune gekennzeichnet ist, die sowohl den Flughafen als auch das *Abington Centre* des Gefängnisses von Singapur umgeben. Unmittelbar vor dem mit grünen Latten bewehrten Gefängniszaun stößt man auf einen seltsamen Anblick: ein riesiges Artilleriegeschütz, umgeben von einer seltsamen Anordnung auf dem Boden verteilten Betons. Bei dem Geschütz handelt es sich um eine Nachbildung, seine Verankerung ist jedoch noch original. 1991 wurde die Lafette beim Bau des Gefängnisses zusammen mit einem Netz von unterirdischen Strukturen entdeckt. Die Verankerung, die zu Geschütz Nr. 1 gehörte, war eine von drei in der Gegend, auf denen die „Monstergeschütze" der *Johore Battery* montiert waren. Die 15-Zoll-Geschütze waren die größten, die das britische Militär zur Verteidigung der Küstenlinie einsetzte, und hatten eine Reichweite von 33 Kilometern. Zusammen mit zwei weiteren Geschützen desselben Kalibers, die im Westen der Insel aufgestellt waren, wurden die drei Geschütze weit vor der Küste entfernt platziert, sodass sie vom Meer aus nicht zu sehen waren. Das Labyrinth der entdeckten Tunnel enthielt Gänge, Magazine und Räume, in denen die für den Betrieb der Geschütze erforderliche Ausrüstung untergebracht war. Der Zugang zu den unterirdischen Strukturen ist aus Sicherheitsgründen nicht gestattet, aber eine Vorstellung davon, wie sie angelegt waren, lässt sich anhand von Umrissen in der Betonanlage erkennen.

Die *Johore Battery* erhielt ihren Namen als Dank für die Summe von 470.000 US-Dollar, die der Sultan von Johor für die Installation spendete. Sie war Teil des Changi-Geschützkommandos, das 1938 gegründet wurde, um die dem Meer zugewandten Zufahrten zur östlichen Johore Strait zu schützen, wo sich der wichtigste Marinestützpunkt des Britischen Empire im Fernen Osten befand. Die anderen Stützpunkte des Kommandos mit ihren 6- und 9,2-Zoll Geschützen befanden sich in Pulau Tekong und Pengerang im Südosten von Johor.

Die Küstengeschütze, von denen man gemeinhin annimmt, dass sie in die falsche Richtung zielten, verhinderten tatsächlich einen Angriff von Meer im Süden – genau das, wofür sie gedacht waren. Daher nutzten die Japaner den Landweg und griffen stattdessen von Norden aus an. Tatsächlich wurden mehrere Geschütze, darunter zwei der Johore Battery, wenige Tage vor dem Fall Singapurs auf Ziele im Norden und Westen abgefeuert. Die panzerbrechenden Geschosse, mit denen sie ausgestattet waren, waren jedoch gegen die Bodentruppen unwirksam. Die in der Nacht des 12. Februar 1942 zerstörten metallischen Überreste des Geschützes wurden nach dem Krieg vermutlich als Schrott verkauft, sodass alles, was von diesen gewaltigen Geschützen noch übrig ist, diese eine Stellung und ihre Stützkonstruktionen sind.

MAHNMAL FÜR DAS MASSAKER AM CHANGI-STRAND ⑰

Das Sook-Ching-Massaker: Die Exekution von Tausenden von Chinesen

Changi Beach Park, *Carpark 2*
MRT: Changi Airport

Singapur ist voll von Orten, die für dem flüchtigen Betrachter völlig harmlos erscheinen, unter deren Oberfläche jedoch eine düstere Geschichte verborgen liegt – der Strand von Changi ist einer davon. Während heute Familien dort im Sand mit Blick auf die *Johore Straits* in einer angenehmen Brise spazieren gehen und picknicken, war Changi Beach vor 75 Jahren Schauplatz eines Massenmordes. Ein kleines Mahnmal aus Marmor ist alles, was an das Massaker von Sook Ching erinnert, das hier im Jahr 1942 stattfand. Wenige Tage nach der Eroberung Singapurs machten sich die japanischen Besatzer daran, mögliche Bedrohungen für ihre Macht auszumerzen. Sie trieben chinesische Männer im kampffähigen Alter zusammen und schickten sie in Untersuchungszentren, wo sie einer Reihe willkürlicher Tests unterzogen wurden, um ihre Loyalität gegenüber Großbritannien oder China zu ermitteln. Die Japaner nannten diese Operation *Dai Kensho* (*Große Inspektion*). Chinesische Männer, die im Verdacht standen, antijapanisch zu sein, wurden sofort auf Lastwagen verladen und in abgelegene Gebiete gefahren, wo sie hingerichtet wurden. Zu diesen Orten gehörten die Strände in Changi, Punggol, Katong, Tanah Merah und Blakang Mati (das heutige Sentosa). Am Changi Beach wurden die Männer mit Seilen in Reihen von acht bis 12 Personen gefesselt und angewiesen, in Gruppen zum Meer zu gehen. Als sich jede Gruppe dem seichten Wasser näherte, schossen die japanischen Soldaten auf sie und stachen sie dann mit Bajonetten nieder. Britische und australische Kriegsgefangene wurden anschließend gezwungen, Gräber für die Männer auszuheben, von denen einige noch lebten, wie überlebende Kriegsgefangene später berichteten. Niemand weiß genau, wie viele Männer tatsächlich bei den Massakern in Sook Ching hingerichtet wurden. Offizielle japanische Schätzungen gehen von 5.000 aus, aber es wird vermutet, dass es weit mehr waren. Ein japanischer Reporter behauptete damals, es seien bis zu 50.000 Männer gewesen.

Weitere Gedenkstätten für die Opfer des Sook-Ching-Massakers befinden sich am Punggol Beach, auf Sentosa und an der Beach Road. Bei letzterer handelt es sich um das *Civilian War Memorial*, das 1967 zum Teil mit Geldern errichtet wurde, die die japanische Regierung als Entschädigung stellte.

DAS HAUS VON TECK SENG

(18)

Ein typisches chinesisches Dorfhaus an einem herrlichen Ort

Jalan Ubin, Pulau Ubin – nparks.gov.sg/ubin
Jedes 2. und 4. Wochenende Sa und So sowie feiertags 10–14 Uhr; Eintritt frei
Boot von Changi Village Ferry Terminal zum Pulau Ubin Landesteg
(vom Landesteg noch 8 Minuten zu Fuß)

Das in den 1970er-Jahren erbaute *Haus 363-B*, auch bekannt als *Teck Sengs Haus*, war das Heim des Kaufmanns Chew Teck Seng und ist ein typisches bescheidenes chinesisches Dorfhaus. Das nicht mehr bewohnte Haus aus Ziegeln und Holz auf Pulau Ubin wurde erhalten und neu eingerichtet, um den wenigen Besuchern der Insel, die es kennen, als ein Modell-*Kampung*-(Dorf)-Haus zu dienen. Die 15-minütige Bootsfahrt vom Changi Point Ferry Terminal vor der Nordostküste Singapurs ist eine Reise, die einen einige Jahrzehnte in die Vergangenheit zurückversetzt und in eine Ecke Singapurs führt, die sich von allen anderen unterscheidet.

Auf der Insel scheint eine Parallelwelt zu existieren – ein Singapur, wie es war, bevor es den Weg der schnellen Modernisierung einschlug. Die Insel beherbergt Ansammlungen von Holzhäusern mit Zinkdächern, die, in ländlicher Umgebung, um Teiche, Grünflächen und unbefestigte Wege angeordnet, an die Zeit der *Kampungs* erinnern, in denen einst ein Großteil der Landbevölkerung Singapurs lebte. Das Haus von Teck Seng liegt in der Nähe des Dorfzentrums und ist auf einen leicht zu reinigenden Zementsockel gebaut. Die Räume des Hauses haben großzügige Lüftungsöffnungen – ein typisches Merkmal von Häusern der Tropen, bevor Ventilatoren oder Klimaanlagen in Gebrauch kamen.

Die Zimmer sind nach heutigen Maßstäben spartanisch eingerichtet und vermitteln einen Eindruck von der Einfachheit des Lebens in einem *Kampung*. Zu den üblichen Haushaltsgegenständen gehören ein Fliegenschrank, eine Nähmaschine mit Fußbedienung, eine Waage, wie sie in den Geschäften und auf den Märkten verwendet wurde, und andere längst vergessene und veraltete Gerätschaften.

DIE STATUE DER HEILIGEN JUNGFRAU MARIA

19

Ein überraschendes Geschenk von Sultan Ibrahim von Johor

Church of the Nativity of the Blessed Virgin Mary
1259 Upper Serangoon Road, Singapur 534795

Eine Marienstatue direkt vor der *Kirche der Geburt der Heiligen Jungfrau Maria* zu sehen überrascht natürlich kaum – ihre Herkunft allerdings schon. Sie war ein Geschenk von Sultan Ibrahim von Johor im Dezember 1946, als Zeichen seiner Freundschaft mit Pater Francis Chan (dem späteren Bischof von Penang), der von 1946 bis 1955 hier Gemeindepfarrer war.

Die Marmorstatue zeigt die Heilige Jungfrau Maria, die auf einer Weltkugel steht und den Kopf einer Schlange unter ihren Füßen zerquetscht. Der Sultan schenkte eine ähnliche Marienstatue auch der *Kirche Unserer Lieben Frau von Lourdes* (heute *Kirche der Unbefleckten Empfängnis*) in Johor.

Die Verbindung zwischen den beiden Kirchen ist Pater Jean Casimir Saleilles, der am 23. Mai 1884 aus Hongkong nach Singapur kam. Er trug zum Bau dieser Kirche bei und gründete auch die Kirche in Johor. Er verstarb 1916, aber die beiden Statuen erinnern an sein Wirken. Sein Grab befindet sich im Hauptschiff der Kirche.

Zu Beginn des 20. Jahrhunderts erbaut und am 8. Dezember 1901 eingeweiht, ist die *Kirche der Geburt der Heiligen Jungfrau Maria* eine der ersten katholischen Pfarrkirche die in den Vororten von Singapur entstanden. Sie war die Kirche der chinesischen Teochew-Katholiken, die damals in Upper Serangoon und Punggol lebten.

Heute werden die Gottesdienste in Englisch, Teochew, Mandarin und Koreanisch abgehalten. Der Architekt des Kirchenbaus, Pater Charles B. Nain, entwarf auch die ehemalige *CHIJ*-Kapelle (siehe S. 43) und die geschwungenen Flügel der ehemaligen Einrichtung *St. Joseph*. Er kam im Ersten Weltkrieg ums Leben – sein Name ist einer der 124 Namen, die auf dem Ehrenmal zu finden sind.

KAMPONG LORONG BUANGKOK ⑳

Ein verstecktes Dorf, überragt von Wolkenkratzern

Abzweig Sengkang East Avenue – MRT: Buangkok

Eingebettet in ein kleines Waldstück, nicht größer als drei Fußballfelder, *liegt Kampong Lorong Buangkok*, ein Dorf das von den umliegenden Wolkenkratzern und der modernen Stadtarchitektur komplett überragt wird.

Wenn man nicht weiß, wo sich dieses versteckte Dorf befindet, könnte man es glatt übersehen. Aber es lohnt sich, dorthin zu gehen, denn bald wird es verschwinden und mit ihm Singapurs letztes *Kampung* auf dem Festland und damit eine lebendige Verbindung zur kargen Vergangenheit des Stadtstaates.

Dieses *Kampung* ist ein Muss für Nostalgiker und wurde seit seiner Gründung Mitte der 1950er-Jahre kaum verändert. Schotterwege verbinden einfache Einfamilienhäuser aus Holzwänden und Wellblechdächern. Hähne krähen und Hühner gackern, während Katzen

frei durch die von tropischem Laub und Obstbäumen beschatteten Gärten streifen. Ein altes *Surau* (muslimische Gebetsstätte) wird von einem Dorfvorsteher verwaltet. Selbst die Mieten haben sich kaum verändert: Die Bewohner, von denen fast alle schon seit Jahrzehnten hier leben, zahlen nur 5 bis 22 US-Dollar pro Monat. Wenn sie knapp bei Kasse sind, können sie ihre Miete auch in Reis oder Obst bezahlen.

Ihre Vermieterin ist Sng Mui Hong, die *Towkay* oder Chefin des Dorfs. Ihr Vater Sng, ein Verkäufer traditioneller chinesischer Medizin, kaufte 1956 das etwas mehr als 1,3 Hektar große, sumpfige Grundstück. Damals lebten hier nur wenige Familien, aber schon bald wurden die Sümpfe aufgefüllt, Häuser gebaut und bis zu 40 Familien kamen hierher.

Trotz der Verbesserungen ist das Dorf immer noch anfällig für Überschwemmungen, daher auch der Spitzname *Kampong Selak Kain*, was so viel bedeutet wie „den Sarong hochnehmen“. Vater Sng verstarb 1997 und hinterließ das Land seiner Tochter und ihren drei Geschwistern. Obwohl Sng inzwischen ausgezogen ist, verwaltet sie den Ort weiterhin für die etwa 28 verbliebenen chinesischen und malaiischen Familien.

KAJAKTOUREN AUF DEM SUNGEI KHATIB BONGSU ㉑

Einer der letzten großen Mangrovenwälder Singapurs

Sungei Khatib Bongsu, Abzweig Yishun Avenue 8
kayakasia.org/destinations

Der Sungei Khatib Bongsu im Norden Singapurs ist einer der letzten Flüsse, an dessen Mündung kein Damm gebaut wurde – die meisten Flüsse Singapurs sind nämlich zu Süßwasserseen aufgestaut. Er ist auch einer der wenigen Flüsse mit einem natürlich vorkommenden Sumpfwald, der eine der größten Konzentrationen von Mangroven in Singapur besitzt. Eine ausgezeichnete Möglichkeit, den Fluss und seinen Mangrovenwald zu sehen, ist eine Kajaktour. Gruppenausflüge können über Anbieter, die Wassertouren veranstalten, organisiert werden.

Die Mangroven sind eine Ansammlung von Bäumen mit langen Luftwurzeln, die eine erstaunliche Tierwelt beherbergen. Vögel gibt es in Hülle und Fülle, angezogen von der reichen Beute, die in den Wasserpflanzen der Mangrovenwälder lebt. Mehr als 180 Arten (die Hälfte aller in Singapur vorkommenden Vogelarten) wurden hier bereits gezählt. Eine Paddeltour durch das Gebiet kann oft mit der Sichtung eines seltenen oder gefährdeten Vogels, wie z.B. eines Großschnabelreihers oder eines Graukopf-Fischadlers gekrönt werden.

Am rechten Ufer des Flusses befindet sich ein Labyrinth von Kanälen, ein Überbleibsel der einst florierenden Garnelenzucht, die hier und in anderen Flussmündungen betrieben wurde. Die ehemaligen Garnelenbecken, die von künstlichen Schlammwällen umgeben sind, sind durch mit Beton ausgekleidete Öffnungen in den Wällen miteinander verbunden, die früher durch Schleusentore verschlossen wurden. Durch diese Öffnungen, die von der vergessenen landwirtschaftlichen Vergangenheit Singapurs zeugen, kann man jetzt mit dem Kajak fahren.

Mangrovenwälder, wie der von Sungei Khatib Bongsu, säumten einen großen Teil der Küste Singapurs und seiner Mündungsgebiete und machten bei der Gründung des modernen Singapurs im Jahr 1819 immerhin 13 Prozent der gesamten Landfläche aus. Viele dieser Salz- und Brackwassersümpfe wurden im Laufe der Zeit aufgefüllt und trockengelegt, wobei man mit den Sümpfen im Zentrum Singapurs in der Gegend des heutigen *Boat Quay* begann. Die Mangrovenwälder machen inzwischen nur noch 1 Prozent der Landfläche Singapurs aus.

Aus ökologischer Sicht waren diese Wälder als Habitate für Wasser- und Meereslebewesen wichtig und schützten die Küstenlinie vor Erosion. Sie boten sowohl Nahrung als auch einen sicheren Zufluchtsort für die einheimischen Gemeinschaften der in Booten lebenden *Orang Laut* („Seezigeuner"), die sich in den Mangroven an der Nordküste aufhielten, einschließlich Sungei Khatib Bongsu, wo der *Orang-Seletar*-Stamm der „Seezigeuner" früher lebte. Man nimmt an, dass der Name *Seletar* vom Wort *selat* (Meerenge) abgeleitet wurde. Während sich die „Seezigeuner" von Singapur weitgehend in die größere malaiische Gemeinschaft integriert haben, leben auf der anderen Seite der Meerenge in Malaysia noch kleine Gemeinschaften der *Orang Seletar*.

DER LUFTSCHUTZKELLER IM HAUSE DES ADMIRALS

(22)

Ein privater Schutzraum

345 Old Nelson Road, Sembawang – janestours.sg
Station bei geführten Touren durch die Region zum Thema Zweiter Weltkrieg (z. B. bei Veranstaltern wie Jane's Singapore Tours) – MRT: Sembawang oder Admiralty

Das *Old Admiralty House* ist ein stattliches Gebäude, das mit seiner herrschaftlichen Architektur im Kunsthandwerksstil eine stimmungsvolle Vintage-Kulisse für ein internationales Internat bietet, das hier vor kurzem eingezogen ist. Was die meisten jedoch nicht kennen, ist der unterirdische Luftschutzkeller auf dem Rasenvorplatz, von dem manche sogar glauben, er sei Teil eines größeren Labyrinths von unentdeckten Gängen, die bis zur alten Militärwerft in Sembawang

führen. Der Keller, den man über eine Treppe erreicht, wurde während des Zweiten Weltkriegs für einen hochrangigen Offizier, wahrscheinlich einen Admiral der Kaiserlichen Japanischen Marine, gebaut, der während der Besetzung Singapurs im *Admiralty House* wohnte. Der 30 Quadratmeter große Keller besteht aus zwei kleinen Räumen, die mit Beleuchtung und einer asiatischen Hocksitztoilette ausgestattet sind. Die britische Regierung in Singapur baute während des Kriegs nur wenige eigene Luftschutzkeller, da sie die Einheimischen nicht verärgern und die Bedrohung durch eine Invasion lieber herunterspielen wollte.

Nach dem Krieg wurde der Kellereingang verschlossen und mit Laub bedeckt. In den 1990er-Jahren entdeckte man den Bunker wieder, nachdem ein Minibagger bei routinemäßigen Gartenbauarbeiten den Boden aufgegraben und den darunterliegenden Teil freigelegt hatte.

Das 1940 erbaute Haus diente als Wohnsitz für den Commodore Superintendent der *Royal Navy Dockyard* und wechselte mehrmals den Namen. Die *Royal Navy* nannte es bis nach dem Zweiten Weltkrieg *Canberra House*, dann wurde es in *Nelson House* umbenannt. In den 1970er-Jahren war es als *ANZUK House* bekannt, benannt nach den Vereinten Streitkräften (Australien, Neuseeland, Vereinigtes Königreich), die zu dieser Zeit die militärische Verteidigung stellten. Es wurde offiziell unter Denkmalschutz gestellt und trägt seit 2002 den Namen *Old*

Sembawang – das größte Marinedock der Welt

Das Sembawang-Gebiet hat seinen Namen von den hohen Sembawang-Bäumen in dieser Gegend. Vor der Ankunft der kolonialen Siedler lebten hier die *Orang Seletar*, einheimische Nomaden, die in Booten auf dem Meer wohnten. In den 1800er-Jahren wurde das Gebiet zunächst für Gambir- und Pfefferplantagen gerodet, in den frühen 1900er-Jahren dann für Kautschuk- und Ananasplantagen. In den 1920er-Jahren errichtete die *Royal British Navy* einen Stützpunkt von der Sembawang Road bis zum Causeway in Woodlands, der Kasernen, Werkstätten, Krankenhäuser und Flugplätze umfasste. Mit der offiziellen Eröffnung des Trockendocks im Jahr 1938 wurde Sembawang zum größten Marinedock der Welt, was ihm den Beinamen *Gibraltar des Ostens* einbrachte. Als die Briten 1968 mit dem Abzug ihrer Truppen begannen, verkaufte die *Royal British Navy* den Stützpunkt für einen symbolischen Betrag von 1 Dollar an die Regierung von Singapur. Heute ist die Werft als *Sembcorp Marine* bekannt, die zu *Sembcorp Industries* gehört, einem staatlich gelenkten Wirtschaftsunternehmen mit Werften in der ganzen Welt.

BEAULIEU HOUSE

23

Der letzte Streifen Naturstrand

117 Beaulieu Road, Sembawang Park
MRT: Admiral

Das neoklassizistische *Beaulieu House*, von dem aus man einen herrlichen Blick auf die Straße von Johore hat, wurde in den 1910er-Jahren erbaut – zu einer Zeit, als Rückzugsorte am Meer in aller Munde waren. Da die Landgewinnung im Laufe der Jahrzehnte einen großen Teil der Küstenlinie Singapurs verändert hatte, wird angenommen, dass der Strandabschnitt am Beaulieu House der letzte verbliebene Fleck Naturstrand ist.

Noch vor 100 Jahren waren die Strände entlang Katong und Pasir Panjang die günstigsten Standorte für Villen am Meer, doch durch die massiven Landgewinnungsprojekte in diesen Gebieten ist *Beaulieu*

House inzwischen zum einzigen Rückzugsort direkt am Meer geworden. Der Steg vor dem Haus und ein seltener Streifen Sandstrand sind Teil des *Sembawang-Parks*. Hier haben Vogelbeobachter schon Adler, Milane, Eisvögel und Pirole gesichtet. Die zu Zeiten des britischen Militärs angelegten Wege rund um den Park sind restauriert worden.

Der *Beaulieu-Bungalow* mit seinem charakteristischen Schrägdach, der von einer Terrasse mit dekorativen gusseisernen Balustraden gekrönt wird, wurde vermutlich von einer jüdischen Familie namens David erbaut, deren Oberhaupt Minen in Malaya betrieb und an Pferderennen und Immobiliengeschäften in Singapur beteiligt war. Ein Jahrzehnt nach dem Bau des Hauses begann die britische *Royal Navy* mit dem Bau ihres Marinestützpunkts in der Nähe und kaufte das Haus und die rund 700 Hektar Land in der Umgebung für 77.600 US-Dollar. Während des Baus des Stützpunkts diente *Beaulieu House* als Wohnsitz für leitende Ingenieure und später auch für Offiziere.

Beaulieu House wurde 2005 unter Denkmalschutz gestellt und beherbergt heute ein Restaurant, das die hohen Decken des Hauses und die alten dekorativen Elemente wie gemusterte Fliesenböden und kunstvoll verputzte Wände vorteilhaft nutzt.

Beau lieu ist Französisch und bedeutet „schöner Platz."

REGISTER

Im September 1995 hielt sich Thomas Jonglez in der Stadt Peshawar auf. Sie liegt im Norden Pakistans, zwanzig Kilometer von der Stammeszone entfernt, die er ein paar Tage später besuchen wollte. Dort kam ihm der Gedanke, alle verborgenen Winkel seiner Heimatstadt Paris, die er wie seine Westentasche kannte, schriftlich festzuhalten. Auf seiner Heimreise von Beijing, die sieben Monate dauerte, durchquerte er Tibet (wo er heimlich, unter Decken in einem Nachtbus versteckt, einreiste), Iran und Kurdistan. Er reiste dabei nie im Flugzeug, sondern per Boot, Zug oder Bus, per Anhalter, mit dem Rad, dem Pferd oder zu Fuß und erreichte Paris gerade rechtzeitig, um mit seiner Familie Weihnachten feiern zu können.

Nach seiner Rückkehr verbrachte er zwei großartige Jahre damit, durch die Straßen von Paris zu streifen, um gemeinsam mit einem Freund seinen ersten Reiseführer über die verborgenen Orte seiner Stadt zu schreiben. Während der nächsten sieben Jahre arbeitete er im Stahlsektor, bis ihn seine Entdeckerleidenschaft wieder überfiel. 2003 gründete er den Jonglez Verlag und zog drei Jahre später nach Venedig.

2013 verließ er mit seiner Familie Venedig auf der Suche nach neuen Abenteuern und unternahm eine sechsmonatige Reise nach Brasilien – mit Zwischenstopps in Nordkorea, in Mikronesien, auf den Salomon-Inseln, auf der Osterinsel, in Peru und Bolivien.

Nach sieben Jahren in Rio de Janeiro lebt er heute mit seiner Frau und seinen drei Kindern in Berlin.

Der Jonglez Verlag publiziert Titel in neun Sprachen und in 40 Ländern.

DANK

Heidi Sarna

Mein Dank gilt den Geschichtsbloggern, Romanautoren, Archivaren und Entdeckern, die mich mit ihren Worten und Fotos inspiriert und meinen Hunger auf Singapurs verborgene Schätze geweckt haben. Mein besonderer Dank gilt dem Co-Autor und Singapur-Kenner Jerome Lim. Ich danke auch meinen Freunden, die mit mir auf Entdeckungsreise gegangen sind, insbesondere Robin McAdoo, der mit mir durch ganz Singapur geradelt ist, um die Orte zu überprüfen und die Karten für das Buch zu zeichnen, und Chrissy Colon, die mich in die Buchreihe einführte und sich mit mir auf eine Expedition durch die Wildnis von MacRitchie begab. Vielen Dank an Jen Eveland für ihre großartige Hilfe bei der Redaktion und beim Schreiben sowie meinem Mann Arun und meinen Söhnen Kavi und Tejas dafür, dass sie mich ertragen haben, als ich Ihnen all die Jahre mit meinem Geplapper über das *Verborgene Singapur* auf die Nerven gegangen bin. Ich danke Professor Dr. Kevin YL Tan, dem Präsidenten der *Singapur Heritage Society*, dass er gleich zu Beginn zehn Geheimnisse zum Buch beigesteuert hat. Ferner danke ich Jennifer Lim, Künstlerin und Autorin von *Singapur Heritage Tiles: An International Mosaic of Love* für Einblicke und Fotos der Keramikfliesen in *Bukit Brown* und den beiden Reiseführerinnen Geraldene Lowe-Ishmael und Jane Iyer, die meine Leidenschaft für Singapurs verborgene Seite entfacht haben.

Jerome Lim

Ich möchte Heidi Sarna für die Gelegenheit zu diesem Buch danken, und auch für ihre Geduld, sowie den vielen Freunden, die mich auf dieser Reise ermutigt haben, die vor etwa zehn Jahren aus persönlicher Neugier begann, um die Seite von Singapur zu entdecken, die allzu oft übersehen wird.

Thomas Jonglez

Jean-Luc Boucharenc, Christian Boucharenc.

WEITERE MITARBEIT

Sarah Teo Joo: *Die Gedenktafel an der* Anderson-Brücke; *Überreste der* Stamford-Brücke; *Der Trinkbrunnen im* Nationalmuseum; Der Ying-Fo-Fui-Kun-Friedhof; Die Statue der Heiligen Jungfrau Maria.

BILDNACHWEISE

Alle Fotos stammen von **Heidi Sarna**, außer:

Kapitel 1 – *Die James-Cutler-Briefrutsche, Jerome Lim; Fenstergitter mit Basketballmotiven, Jerome Lim & Robin McAdoo; Singapurs ältester Aufzug, Jerome Lim; Karte der Landgewinnung (Seite 22), Robin McAdoo;* Duxton Plain Park, *Jerome Lim;* NUS Baba House, NUS Baba House Museum*; Die Fassade von Spottiswoode Park Road 66, Jerome Lim;* Tanah Kubor Diraja, *Jerome Lim; Ziviler Luftschutzbunker aus der Vorkriegszeit, Jerome Lim; Der Tan-Tock-Seng-Grabstein, Jerome Lim.*

Kapitel 2 – *Der* Stein der frühen Gründer, *Jerome Lim; Die Gedenktafel an der* Anderson-Brücke*; Sarah Teo; Der* Tan-Kim-Seng-Brunnen, *Jerome Lim; Überreste der* Stamford-Brücke, *Sarah Teo; Der Fuß an der* Statue von Sir Stamford Raffles, *Jerome Lim;* Tudor-Rose, *Jerome Lim; Rathaussaal, Jerome Lim; Die Löwen auf der* Elgin-Brücke, *Jerome Lim;* Phantom Pool *(Foto mit Wasser im Pool), Yee Chao Koh; Der Leuchtturm von Fort Canning, Jerome Lim; Saal der Freimaurer (Buntglasfoto), Catalina Tong; Die Streitkeule von Singapur, Jerome Lim; Eine Glocke von Paul Revere, Nationalmuseum von Singapur; Der Singapur-Stein, Jerome Lim; Die Orgel der* Kathedrale des Guten Hirten, *Jerome Lim; Buntglasfenster im* Jacob Ballas Centre, *Jerome Lim; Das Haus von Chee Guan Chiang, Jerome Lim; Der ehemalige Showroom von* Malayan Motors, *Jerome Lim; Der ehemalige Showroom von* Malayan Motors *(kleineres Foto), Henry Cordeiro.*

Kapitel 3 – *Gebäude der frühen Gemeinden von Middle Road, Jerome Lim; Fäkalienklappen, Jerome Lim; Zubir Saids Piano, Jerome Lim.*

Kapitel 4 – *Die Tigerorchidee im Botanischen Garten von Singapur, Edmund Chia für NParks; Pfeile auf Ziegelsteinen* (Kwan Koriba Foto), *NParks;* Die Skulptur des Mädchens auf der Schaukel, *Jerome Lim; Denkmal für Singapurs ersten Gummibaum (Schwarzweiß-Fotos),* NParks*; Hölzerner Pfeil (Schwarzweiß-Foto),* NParks*; Kalender der Kriegsgefangenen des Zweiten Weltkriegs, Jon Cooper; Autorin von* Singapur Heritage Tiles: Ein internationales Mosaik der Liebe.

Kapitel 5 – *Der Pier in Lim Chu Kang, Jerome Lim; Anlegestelle im Wald, Jerome Lim; Sebawangs heiße Quellen,* Nparks*; Der Gipfel des Bukit Timah,* NParks*;* Nantah-Bogen, *Jerome Lim;* Garten des Ruhms, *Jerome Lim;* Der Ying-Fo-Fui-Kun-Friedhof, *Sarah Teo; Ein japanisches Grab aus der Kriegszeit, Jung Kwok; Lichttürme, von der Geisterinsel aus gesehen, Jerome Lim; Der* Raffles-Leuchtturm, *Jerome Lim.*

Kapitel 6 – *Die Bukit-Brown-Pfauenfliesen, Jennifer Lim; Die Y-Form des* Toa-Payoh-Blocks 53, *Jerome Lim; Das erste Nachkriegs-Filmstudio (schwarz-weiß Foto),* The Shaw Organisation Pte Ltd*; Die Landebahn des* Flughafens Kallang *(schwarz-weiß Foto),* Australian War Memorial, *Super Trees Solar Panels, Gardens by the Bay; Das Grab von Tok Lasam, Jerome Lim; Jackie Chans Alte Chinesische Häuser, Jerome Lim; Die Tore des alten* Changi-Gefängnisses *(schwarz-weiß Foto), Australian War Memorial; Die Gesichter der Changi-Wandmalereien, Jerome Lim; Die* Jojore Battery, *Jerome Lim;* Das Haus von Teck Seng, *Jerome Lim &* Nparks *(Innenaufnahme); Statue der Heiligen Jungfrau Maria, Jerome Lim; Kampong Lorong Buangkok, Paula Mary Day; Kajaktouren auf dem Sungei Khatib Bongsu, Jerome Lim.*

Kartographie: Cyrille Suss – **Layout:** Emmanuelle Willard Toulemonde – **Übersetzung:** Ordentop – **Lektorat:** Johanna Kling – **Herausgeberin:** Clémence Mathé

Urheberrechtsanmeldung: März 2023 – Ausgabe: 01

ISBN: 978-2-36195-592-2

Gedruckt in Bulgarien bei Multiprint